CAROLINE LABUSCH arbeitete nach ihrem Studium der Soziologie, Bildenden Kunst und Fotografie viele Jahre als Drehbuchautorin, Konzepterin und Evaluatorin für serielle TV-Produktionen. Dann begann sie eine Detektivausbildung, die sie aus Ungeduld abbrach. Mit ihrer Radioserie und dem Buchprojekt »Caro ermittelt« führt sie all diese Erfahrungen zusammen.

Caro ermittelt in der Presse:

»Ein Kunststück der Extraklasse.« krimi-couch.de

»*Caro ermittelt* ist der erste Podcast, der auf geniale Weise die beiden Genres True Crime und Comedy miteinander verbindet. (…) Wie das geschieht, sprüht nur so vor Komik und verrückten Einfällen.« Redaktion des Deutschen Radiopreises

»Das Hörspiel, das für mich zum Witzigsten gehört, das ich jemals gehört hab.« OhrCast

www.penguin-verlag.de

CAROLINE LABUSCH

CARO
ERMITTELT

… gegen Spam-Mailer und
Love-Scammer, Schockanrufe
und Scheinversprechen

PENGUIN VERLAG

Titel »Caro ermittelt« mit freundlicher Genehmigung des
Rundfunk Berlin-Brandenburg (rbb). Lizenz durch rbb media.

Penguin Random House Verlagsgruppe FSC® N001967

1. Auflage
Copyright © 2024 by Penguin Verlag
in der Penguin Random House Verlagsgruppe GmbH,
Neumarkter Straße 28, 81673 München
Redaktion: Matthias Bischoff
Bildbearbeitung: Lorenz & Zeller, Inning a. Ammersee
Umschlaggestaltung: Hafen Werbeagentur gsk GmbH,
nach einem Entwurf von Scarlett Nimz/rbb;
Lizenz durch rbb media
Umschlagabbildung: © Caroline Labusch
Satz: Uhl + Massopust, Aalen
Druck und Bindung: GGP Media GmbH, Pößneck
Printed in Germany
ISBN 978-3-328-11044-6
www.penguin-verlag.de

Inhalt

Warum CARO ermittelt

Jeden Tag lösche ich ein Dutzend Spammails, davon ist die Hälfte krimineller Natur.

Ich schmeiße korrupte Inkassorechnungen in den Müll. (Und hole sie kleinlaut wieder raus.)

Werde ich nach meiner Telefonnummer, Adresse, meinem Geburtsdatum oder gar einer Ausweiskopie gefragt, steigt mein Blutdruck: »Wozu (miss-)brauchen Sie das?!?!«

Bin ich auf Facebook oder Google, lese Infoseiten oder Online-Presse, dann poppen Botschaften auf, mischen sich in den Feed, bimmeln mich an. Aufschneider, Lügner und Betrügerinnen wollen mir etwas andrehen, mich falsch informieren oder mindestens meine Aufmerksamkeit stehlen.

Und wenn das schrillende Telefon eine unbekannte Nummer auf dem Display zeigt, melde ich mich nur noch mit »Hallo«. Nicht mit Namen. Niemals! Der Anruf eines gänzlich Fremden entpuppt sich in meinem persönlichen Erfahrungshorizont meistens als Datenleck, das meine Nummer in die Hände von Direktvermarktern oder Bösewichten gespült hat!

Wir sind alle nonstop umzingelt von der Gefahr, mit legalen oder kriminellen Tricks betrogen und ausgeplündert zu werden. Lässt sich das abstellen? Nein.

Aber man kann es durchschauen und sich schützen. Und man kann andere warnen. Das habe ich vor. Unter anderem.

Wie CARO ermittelt

»Sei du selbst, alle anderen sind bereits vergeben.«
Oscar Wilde

Als ich klein war, hat mich gestört, dass mein Vater, wenn er abends von der Arbeit heimkam, grußlos in die Küche ging und dort in den Kochtopf schaute. Darin befanden sich Reste des Mittagessens, zurückgehalten von meiner Mutter, der Hausfrau. Vielleicht nervte mich die Rollenverteilung. Vielleicht war ich beleidigt, dass er mich so wenig beachtete. Oder war's die Wiederholung? Dass mein Vater, den ich gern bewundern wollte, geradezu zwanghaft täglich diesen Topfdeckel hob, machte ihn klein und gewöhnlich. Ich wollte ihn aus seinem Trott reißen.
Unter Anwendung einer Technik, die ich gerade erst im Kunstunterricht meiner Dorfgrundschule gelernt hatte, machte ich mit Vaseline und Gipsbinden einen 3-D-Abdruck meiner linken Hand und malte ihn mit dem Tuschkasten hautfarben an. Die noch feuchte Kinderhand legte ich in den Topf, zwischen die Kartoffeln.
Auch an diesem Tag hob mein Vater den Deckel. Sein

Schrei drang durchs ganze Haus. Dass er so emotional werden konnte, war mir neu. Die Selbstverständlichkeit seiner Routine dahin.

Streiche sind Auseinandersetzung, Spiegel, Katalysator und Spaß. Sie sind Selbstermächtigung und Genugtuung. Und sie fördern die erstaunlichsten Erkenntnisse zutage. Diesen Effekt mache ich mir heute noch beim Ermitteln zunutze. Siehe meine mit Streichen gespickte Fallsammlung (alles *in echt*[1] passiert) 〉〉〉〉

---

[1] Damit die Schilderungen nicht ausufern und spannend bleiben, verdichte ich das Geschehen, indem ich Reihenfolgen vertausche und kürze, jedoch immer in dem Bemühen, den Kern des Geschehens, des Gesagten und der Texte nicht zu verfremden.

VERFÜHRERISCHE E-MAIL-DEALS (SPAM)

Duell mit AngePaul98 – Teil 1

Meine erste richtige Ermittlung begann in einer sternklaren Nacht. Das Geklapper der Restaurants war verhallt; einzelne Autos flatterten am offenen Fenster vorbei; in der Ferne besoffenes Grölen, passend zum Discolicht des Krankenwagens vor dem Wohnblock gegenüber. Die Mädchen schliefen, Kaspar war aus.
Ich hatte mich mit einem Rest Rotwein an meinen Schreibtisch gesetzt, um den Notstand in meinem E-Mail-Postfach zu beseitigen: Speicherplatz voll.

Das bebilderte Infoschreiben der Schule (»Wandertag«, 4,6 MB) wurde ausgemustert; sechs Immobilienangebote (»Handwerkerobjekt im Dornröschenschlaf«, 1,5 MB) schob ich ebenfalls in den Papierkorb. Im Spam-Ordner lag ein Treppenlift-Preisvergleich; Angebote für Mikropenisverlängerung und gefälschte Luxus-Handtaschen – was für ein Wesen sahen die Algorithmen eigentlich vor sich? Die E-Mail von Ange Paul hätte auch in den Papierkorb gesollt, aber irgendwie mochte ich den Anfang:

Von: AngePaul98@gmail.com
Betreff: von Ange Paul
An: Caroline Labusch

Hallo Liebe. Am liebsten bin ich sehr bedauern, dass Sie plötzlich angesichts Lastkahn, in das wir nicht wissen einander vor.

Ein typischer Märchen-Spam im lustigsten Google-Translate-Deutsch. Die Hauptfigur war eine junge Frau von der Elfenbeinküste (Côte d'Ivoire).

Mein Name ist Ange Paul, 21-jähriges Mädchen, ich bin die einzige Tochter meiner verstorbenen Eltern.
Mein Vater ist sehr wohlhabend Kaffee und Kakaobauern, auch der ehemalige Direktor der Landwirtschaftssektor.

Als einziges Mitglied der ivorischen Kleinfamilie Paul hatte Ange eine Serie von Unfällen und Mordanschlägen überlebt:

Meine Mutter starb bei einem Autounfall neben mit meinem älteren Bruder Kenneth und mein kleiner Bruder Anthony. Mein Vater wurde von seinen Geschäftspartnern zu Tode vergiftet.

Kurz vor dem letzten Atemzug konnte der Vater seine einzige Tochter über ihr Erbe informieren:

Vor dem Tod meines Vaters auf März 2014 in einem privaten Krankenhaus hier in meinem Land rief er mich heimlich auf seinem Bett und sagte mir, dass er die Summe von 5,7 Millionen Euro nach links in das Anlage Spannung Konto.

Die Übertragung des geerbten Vermögens auf Anges Bankkonto war kniffelig. Es brauchte jemanden wie mich:

Liebste! Aufgrund der politischen Instabilität in der Elfenbeinküste und die Hass meine Familienangehörigen, mein verstorbener Vater riet mir, für einen ausländischen Geschäftspartner zu suchen.
1. Um eine gute Bankkonto zur Verfügung stellen
2. Als Wächter dieses Fonds
3. Zur Anordnung machen für mich, um in Ihr Land zu kommen.

Sollte die Abwicklung dank meiner Hilfe gelingen, stünde eine satte Belohnung an:

Schließlich bin ich bereit, Ihnen 20 % des Gesamtbetrags als Modus der Entschädigung für Ihre Mühe.

13

20 % Provision, also ein Fünftel von 5 700 000, das wären 1 140 000 Euro! Für mich!

> Ungeduldig wartet Zustimmung Antwort zu hören.
> Dein Ange Paul.

Es passieren ja viele Dinge im Alltag, die man mit einer gewissen Selbstverständlichkeit nicht versteht, aber irgendwie bedient oder beiseiteschiebt (löscht). Manchmal regt sich in mir ein starkes Bedürfnis, diese Dinge zu ergründen. Und zwar höchstpersönlich. Weil es nur wenige Zeuginnen gibt, die ich so glaubhaft finde wie mich selbst.

Statt die E-Mail zu löschen, schob ich sie in mein Pseudonym-Postfach: <Hannah Reuss>. Dass diese Spammer mir kein Geld geben wollten, sondern mich abziehen, war schon klar, aber wie geht der Trick? Wie kommen die an *mein* Geld?
Um das verbindlich herauszufinden, musste ich mich mit vorgetäuschtem Interesse an sie herantasten. Es würde denen wahrscheinlich nicht auffallen, wenn *Hannah* zurückschrieb, obwohl ich, *Caro*, den Spam bekommen hatte. Das waren doch Massenspams, oder nicht?

> Von: <Hannah Reuss>
> Betreff: AW: von Ange Paul
> An: AngePaul98@gmail.com
>
> ───────────────────────────────
>
> Guten Tag Frau Paul,
> Es tut mir sehr leid, was Ihnen geschehen ist.

Kaum zu glauben, wie die Menschen im fernen Afrika miteinander umgehen!

Wo leben Sie denn jetzt? Haben Sie Arbeit und Unterkunft?

Ich muss leider auch eine Gewissensfrage stellen: Trieb Ihr Vater an der Elfenbeinküste seinen Handel nur mit Kakao und Kaffee? Oder auch mit Elfenbein? Das lehne ich nämlich als Tierschützerin ab.

Es gibt für mich ein weiteres Problem: Ich fürchte mich vor Ihren Verwandten. Wenn diese in der Lage sind, für Geld zu töten, dann sind sie auch hinter mir her. Aufgrund dieser Umstände würde ich die 1 140 000 Euro Provision als gerechtfertigt ansehen.

Herzliche Grüße von Hannah Reuss aus Berlin.

Als ich am nächsten Morgen im Schlafanzug an meinen Arbeitsplatz zurückkehrte, fühlte ich mich beim Öffnen meines Postfachs, als würde ich die Felder eines Rubbelloses freikratzen. Es erschien tatsächlich eine Antwort von Ange Paul. Gewonnen!

Von: AngePaul02@yahoo.com
An: <Hannah Reuss>

Funfact: Die Antwort kam nicht von *AngePaul98@gmail.com*, sondern von *AngePaul02@yahoo.com*. Der Text:

Liebste! Vielen Dank für Ihre Antwort. Ich werde Ihnen etwas über meine Situation zum Detail mag, so dass Sie mich sehr gut verstehen.

Ich bin an der Universität von Cocody, studiert Medizin, weil ich ein Arzt in Zukunft sein wollen. Seit dem Tod meines Vaters dreht mein Onkel seinen schlechten Charakter über mich. Er will mich tot, aber ich fliehen aus der Falle.

Ich ging dann an die Banque Atlantique. Ich fragte den Bankdirektor Dr. Ghislain Saba, wann ich Zugang von der Kaution haben, aber er sagte mir, dass eine Vereinbarung Bindung mit meinem verstorbenen Vater gemacht wurde, dass der Fonds im Ausland nur für Investitionen Nutzung übergeben werden müssen.

In Bezug auf das Geld war mein verstorbener Vater eine Kakao-Händler. Das Geld ist nicht auf irgendwelche terroristischen oder Geldwäscheaktivitäten. Das Geld von meinem verstorbenen Vater rechtmäßig erworben.

Die unten aufgeführten mir bitte schnell senden:

1. Ihr vollständiger Name und Adresse
2. Direkte Telefonnummer und Ihr Foto
3. Alter, Familienstand und Beruf
4. Sagen Sie mir etwas über Ihre Vergangenheit Arbeits- oder Geschäftserfahrungen.

Ich erwarte, dass die Angaben von Ihnen dringend. Danke und Gott schütze dich! Ange Paul.

Es war also Eile geboten, weil ihr Onkel sie »tot will«. Die Zeit, mich sofort darum zu kümmern, war da (die Selbständigkeit ist ein Jammertal). Ein Bild von Hannah musste her.

Bei der nächstbesten Gratis-Bilddatenbank stöberte ich mit der Suchwort-Kombination *Frau + fröhlich + Blumen* nach einem heiteren Bild:

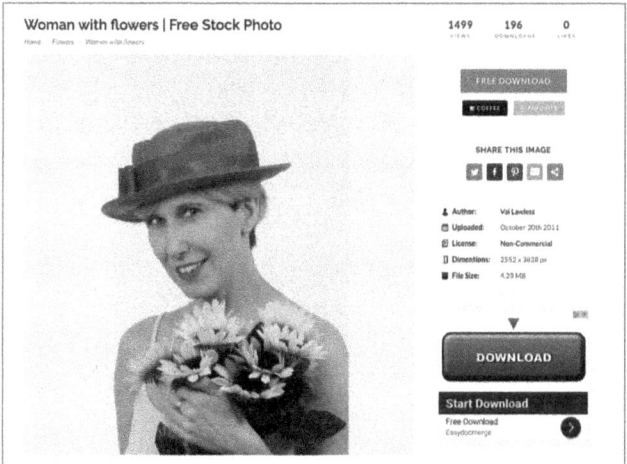

So könnte Hannah aussehen. Auf mich wirkte diese Frau verschlagen, einsam; sowohl raffiniert als auch dumm; weltfremd und unbeliebt (bei fast 200 Downloads hatte dieses Bild 0 Likes!)[2].

---

2 freepik.com, 2022

Was Hannah noch mitbringen sollte, um auf Ange Paul reinzufallen: ein bisschen Rassismus, Verbitterung und die Bereitschaft zu unlauteren Aktivitäten:

Von: <Hannah Reuss>
An: <Ange Paul>

Liebe Angelina,
bitte versuchen Sie, meine Emails etwas genauer zu lesen! Ich finde, für eine Afrikanerin ist Ihr Deutsch schon nicht schlecht, aber man merkt eben, dass das etwas an der Oberfläche bleibt. Einige meiner Fragen blieben jedenfalls unbeantwortet! Ich heiße Hannah Magdalena Reuss und bin geboren am 1.4.1963 in Leinefelde, Thüringen (DDR). Dort habe ich die Ausbildung zum Grundschul-Lehrer gemacht und einige Jahre als Lehrer gearbeitet

(Eine konservative Frau aus der Ex-DDR-verwendet stets die männliche Form.)

Meinen Mann, der damals einen privaten Kohlen-Handel betrieb, lernte ich ebenfalls in Leinefelde kennen.

(Achtung Mitläufertum! Unter den selbständigen Kohlenhändler*innen in der DDR soll es besonders staatstreue gegeben haben.)

Im wiedervereinigten Deutschland konnte ich nicht mehr als Lehrer arbeiten und entschied mich zu einer Ausbildung als Modistin.

(Hier versteckte ich einen Hinweis: Erhielt Hannah etwa wegen Mitarbeit in der Stasi als BRD-Lehrerin Berufsverbot? Die Modistin hingegen erfand ich nur, um den Hut zu erklären.)

1991 zogen wir nach Berlin, wo es meinem Mann mit einer Beteiligung an einer Müllverbrennungsanlage gelang, uns eine solide Existenz zu sichern. Wir kauften uns eine schöne Wohnung in Berlin-Reinickendorf, in der ich immer noch wohne. Weil meine Ehe kinderlos blieb, trennte sich mein Mann von mir.

(Hannah ist jemand, der auf Arschlöcher reinfällt.)

Das war keine leichte Zeit. Ich eröffnete eine Hut-Boutique in Berlin-Spandau, die nach wenigen Monaten abbrannte. Ich entschied mich, von dem Versicherungsgeld einen Bus zu kaufen.

(Na, wer hat wohl die Boutique in Flammen gesteckt?)

Ich machte den Führerschein Klasse D und arbeite seit 2004 als freie Busfahrerin für verschiedene Transportunternehmen. Mittelfristig plane ich, mein eigenes internationales Busunternehmen aufzubauen. Es fehlt nur noch am nötigen Kleingeld.

Wenn Sie nach Deutschland kommen, wo Ihr Medizinstudium keinesfalls anerkannt wird, dann könnten Sie auch das Fach wechseln und in meinem Unternehmen mitarbeiten. Voraussetzung ist jedoch ein Deutschkurs.

Ich hoffe, Sie haben einen Eindruck gewonnen. Darf ich denn nun auch um ein Foto bitten? Haben Sie einen digitalen Fotoapparat? Oder können Sie einen leihen?

(Hannah hält ganz Afrika für rückständig. Übrigens – das ist ihr wichtig: Sie hasst die Kirche.)

P.S.: Ich würde mich freuen, wenn Sie solche Sätze wie »Gott schütze dich« weglassen könnten.

P.P.S.: Bitte kontaktieren Sie mich lieber per Email als per Telefon. Ich telefoniere sehr ungerne, da ich auf beiden Ohren einen Tinnitus habe.

Per Klick verschickt, ein bisschen nach leider zu teuren Ferienwohnungen in Südfrankreich gestöbert – schon bimmelte mein Postfach.

Von: <Ange Paul>
An: <Hannah Reuss>

Mutter Hannah Magdalena Reuss,

Vielen Dank für Ihre Mail, die mir viel Eindruck erweckte, nachdem Ihre Biographie aufmerksam durchgelesen, ich schätze Ihre Bereitschaft, mich in dieser Situation zu helfen.

Eine attraktive Frau mit dunklem Teint[3], die einen Rock aus afrikanisch anmutendem buntem Stoff trug. Das getigerte Sofa sorgte auch für Afrika-Stimmung, obwohl es in Afrika keine Tiger gibt. Ja, sie konnte Ivorin sein. Unpassend fand ich ihren fordernden, geradezu aufreizenden Blick.

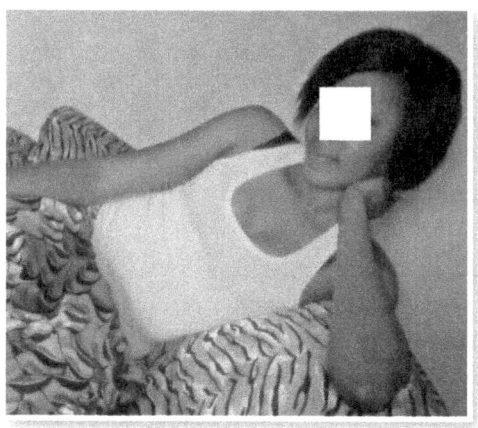

Ich hoffe, Sie wissen, dass viele afrikanische Führer haben wegen Missbrauch von Befugnissen durch den Internationalen Strafgerichtshof für Verbrechen gegen die Menschlichkeit eingesperrt worden.
Kenntnisse in der Geschäftswelt fehlen, die ich verlassen sich auf Ihr Wissen, Weisheit, Vertrauen, Ehrlichkeit, Richtlinien und Ehrlichkeit [...]

---

3 Das Bild der Frau habe ich mit einem Viereck anonymisiert. Wer weiß, woher sie das haben!

Das Geld ohne mich abzuheben, ging nicht. Wegen der Altersgrenze (29):

> Und wieder hatte die Bank eine Vereinbarung mit meinem verstorbenen Vater, die angibt, wenn der Einzahler nicht mehr lebt, dem nächsten Angehörigen der Kaution muss über 29 Jahre alt sein.

> Name der Bank: Banque Atlantique
> Name der Ansprechpartner: Herr Clément, Agre
> Position: Verwaltungsdirektor
> Bank Fax: +225 […] 83
> Bank Telefon: +225 […] 56

Eine Phantasienummer? Herausfinden ließ sich das nur durch einen Anruf, den ich sicher nicht mit meinem privaten Telefon machen wollte, sondern in einem Späti um die Ecke, der damals noch »Tele-Internetcafé« hieß. Dort bekam man nicht nur Bier und Süßigkeiten, sondern konnte auch in durchnummerierten Kabinen anonyme Ferngespräche führen.[4]

»Entschuldigung. Was kostet ein Telefonat nach Elfenbeinküste?«
»29 Cent pro Minute. Kabine drei.«
Ganz schön teuer. Und in Kabine drei roch es trotz Rauchverbot nach Zigaretten.

---

4 Diese Telefonier- und Internet-Kioske sind verschwunden. Wahrscheinlich gibt's keine Menschen mehr ohne Mobiltelefon.

Ich wählte die ewig lange Nummer des vermeintlichen Sachbearbeiters Agre Clément von der Banque Atlantique in Abidjan, hörte Rauschen, Knacken, eine Warteschleifenmusik, dann wieder Knacken, endlich ein Klingeln, dann hob tatsächlich jemand ab.

Fake-Sachbearbeiter Agre Clément (in einer mir unbekannten Sprache): Da... – das ... – de...!
Ich: Hallo. It is Hannah Reuss. Am I talking to Mister Clementi?
> [Hallo. Da ist Hannah Reuss. Spreche ich mit Herrn Clementi?]

Dass ich Monsieur Cléments französischen Namen verfremdete, war Absicht.

Clément: Yeah ..., Mister Clementi. How are you?
> [Ja ..., Herr Clementi. Wie geht's?]
Ich: How are you? How is the weather in Africa?
> [Wie geht's? Wie ist das Wetter in Afrika?]
Clément: ...??? Okay. You are calling me from .... Germany? Right?
> [Okay..., Sie rufen an, aus ... Deutschland. Richtig?]
Ich: Yes, calling from Germany.
> [Ja. Aus Deutschland.]

»Agre Clément« schien zu überlegen, um welchen Spam-Betrug es ging. Ich half ihm auf die Sprünge:

Ich: I call, for the money of Angelina Pauli.
> [Ich rufe an, für das Geld von Angelina Pauli.]

Clément: Yes! Angelina!

[Ja! Angelina!]

Möglicherweise saß Herr Clément an einem Ort, der so ähnlich ausschaute wie das Tele-Internetcafé, in dem ich mich befand, nur eben auf der Südhalbkugel.

Clément: Angelina, that is what I am saying. You have to send your bank account, your ID identification and your telephone number.

[Ja, Angelina, das ist, was ich sage. Sie müssen Ihre Bankverbindung senden, Ihre Ausweis-Identifikation und Ihre Telefonnummer.]

Ich: Okay, so I send you everything and then you give me the money?

[Okay, also ich sende Ihnen alles, und dann geben Sie mir das Geld?]

Clément: ... huh....?!

[Hä?]

Ich: I thought maybe, after I gave you my identification, I could come to Africa and I can take the money in cash.

> [Ich dachte, vielleicht, nachdem ich Ihnen meine Ausweisdaten gegeben habe, könnte ich nach Afrika kommen und das Geld in bar abholen.]

Clément: *(panisch)* No! No – no – no – no!

Schade. Er erläuterte etwas, das ich akustisch nicht verstand:

Clément: »…, …, … – …? – …!«

Ich: Okay.

Clément: Angelina have family – you understand me now?

> [Angelina hat Familie, verstehen Sie mich jetzt?]

Ich: What? My family? I don't have family. I'm alone.

> [Was? Meine Familie? Ich habe keine Familie. Ich bin allein.]

Keine Familie. Keine Freunde. Das wollte ich bei jeder Gelegenheit anbringen. Ich war das ideale Opfer.

Ich: But: Angelinas Relatives …

> [Aber: Angelinas Verwandte …]

Um glaubwürdig zu bleiben, musste ich Bedenken vortragen. Anges Verwandtschaft hatte eine hohe Gewaltbereitschaft an den Tag gelegt. Warum sollten die tatenlos zusehen, wie ich Ange und ihr Vermögen nach Deutschland hole?

Ich: They maybe have a pistol or a weapon and they can say: »You give me the name of the woman in Germany or we kill you!« And than you give the name.

> [Die haben vielleicht eine Pistole oder eine Waffe und können sagen: »Gib mir den Namen von der Frau in Deutschland oder wir bringen dich um!« Und dann geben Sie ihnen den Namen.]

Clément: No, no, no. Nobody is going to do that.

> [Nein, nein, nein. Niemand wird das tun.]

Alles klar, alle Bedenken vom Tisch. Kurzer Smalltalk, bei dem weder ich ihn noch er mich verstand.

Clément: I am expecting to have your e-mail and the documents.

> [Ich erwarte Ihre E-Mail und die Dokumente.]

Ich: Okay. Thank you, Mister Clementi. Good bye.

> [Okay. Danke, Herr Clementi. Auf Wiederhören.]

Gut gelaunt knallte ich den Hörer auf und rannte nach Hause, um im Bildbearbeitungsprogramm einen Ausweis für Hannah zu basteln.

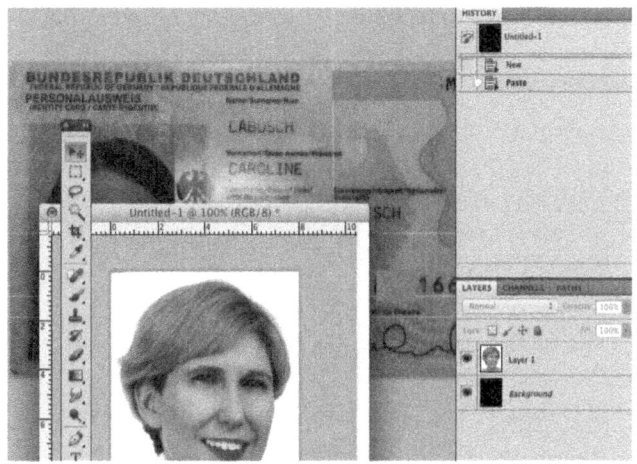

Ich entwarf einen Personalausweis mit einer zusätzlichen Merkmalkategorie: »Persönlichkeit«. Sollte der Ausweis irgendwann durch Zufall in die Hände von Ermittlungsbehörden gelangen, war er dadurch als Spaß-Fälschung markiert. Die Ivorer hingegen würden nur herauslesen, dass Hannah Reuss genau die richtige Partnerin für sie ist.

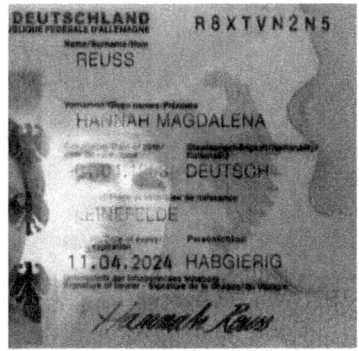

Genauso optimistisch wie bei mir muss die Stimmung auf der anderen Seite gewesen sein. Ich war noch beim letzten Schliff, da bimmelte es schon.

Von: Agre_Clement@accountant.com
Betreff: Transportbedarfe
An: <Hannah Reuss>

Gnädige Frau,
Die Zahlung von Geldern über Festgeld der Bank übertragen, dessen Agenten oder Korrespondenten unterliegt den Regeln, Vorschriften und Gepflogenheiten des Landes, in dem die Zahlung erfolgen soll [...]

und so weiter (unverständliche Behördensprache):

Transfer [...] Zulassungsbescheinigung [...] Eigentümerwechsel Papiere [...] Fonds Transfer Regulatory Commission [...]

Dann die erste Andeutung einer kleinen Hürde:

Richtet sich nach den vorherrschenden Richtlinien, die Transferunterlagen zu erhalten, wird es eine Summe von Euro 3150. Der Empfänger sollte freundlich strikt an unsere Anweisung halten, so dass diese Übertragung kann ohne Haken abgeschlossen sein.

Es gelte das Verschwiegenheitsgebot:

Jede Verbreitung dieser Kommunikation durch das unbeabsichtigte Empfänger ist streng verboten.
Mit freundlichen Grüßen im Dienst: Herr Agre Clément.
Verwaltungsdirektor Banque Atlantique Kundendienst
24-Stunden-Service-Hotline: +2257 [...] 156 [...]

Kurz darauf folgte eine E-Mail von Ange. Obwohl ich explizit darum gebeten hatte, Gott aus dem Spiel zu lassen, machte sie weiterhin geltend, dass der das alles eingefädelt habe:

Von: <Ange Paul>
An: <Hannah Reuss>

Liebe Mutter,
Vielen Dank für Ihre Email und ich schätze Ihre Bereitschaft, mir zu helfen, und ich werde Ihnen beweisen, dass mein Verständnis Sie von der Wahl auf mein Vertrauen auf Gott beruht. Ich würde mir wünschen, sollten wir wie eine Familie sein.

Ich habe mit der Bank diskutiert und sie sagt, dass Sie das Geld für die Dokumente an mich senden sollte.

Und da war er, der plumpeste aller Tricks.

Mutter, bitte Euro 3,150 das Geld mit Moneygram Übertragung zu senden.

Stellen Sie sicher, dass Sie Ihr Bestes in Sie gesetzt und Disziplin selbst gut zu beenden und stark und unabhängig davon, wie Sie die Aufgabe starten gut, müssen Sie ein starkes Engagement für Exzellenz Finishing haben.

Vielen Dank für Ihr Engagement und Gott Sie reichlich segnen.
Mit freundlichen Grüßen!
Tochter Ange.

Meine erste Frage war beantwortet: Das Opfer lechzt nach 1 140 000 Euro Provision, übersieht aus Geldgier alle Laufmaschen in der schlecht gestrickten Legende und legt die verhältnismäßig kleine Bearbeitungsgebühr auf den Tisch.

Beendet war der Fall damit nicht. Die hingen an meinem Köder und ich an ihrem. Nicht dass ich bereit gewesen wäre, das Geld hinzublättern, aber ich hatte kinderleicht so viel herausgefunden. Jetzt wollte ich weiter ermitteln: Wo steckten die Drahtzieher? Wie waren die drauf? Welche wahren Identitäten verbargen sich hinter Ange Paul und Agre Clément? *Think big:* Im Idealfall würde es mir nicht nur gelingen, Antworten zu erhalten, sondern auch die Bande zu stoppen, indem ich sie überführte und stellte.

Zwischendrin: Tipps und Tricks

❗ VERFÜHRERISCHE E-MAIL-DEALS (SPAM)

☐ Spam – Kontamination und Mülltrennung

◇ Freemail-Adressen mit Sonderzeichen und langen Zahlen

Bei Absendern wie Angepaul98@gmail.com, bobbybrown_1067@aol.com, Sparkassen_info%@yahoo.de ... ist Vorsicht angezeigt.

◇ Geschenke von Fremden sind vergiftet

Fette Provisionen für wenig Arbeit oder Geschenke fürs Nichtstun von unbekannten Fremden sind fast immer giftig. Nicht ohne Handschuhe anfassen! Sondermüll.

◇ Gebühren-Vorkasse ist unlogisch

Gebühren können nicht von der Auszahlungssumme abgezogen werden, sondern fallen im Voraus an? Das ist so, als müsste ich 5 Euro in den Bankomat einwerfen, um 100 Euro rauszulassen. Was mit solchem Unsinn bedruckt ist, gehört in den Papierkorb.

Tatortbestimmung: Jeder Depp und jede Depperte, also auch ich, kann kinderleicht herausfinden, wo eine E-Mail abgeschickt wurde. Man macht einfach den vollständigen »Header« der E-Mail durch Anwählen der Option *E-Mail > Darstellung > alle Header anzeigen* sichtbar[5], schneidet dieses Kauderwelsch aus etwa 500 Zeichen und Zahlen aus und fügt es bei einem der vielen kostenlosen *IP-Tracer* ein. Der *IP-Tracer* entschlüsselt das und spuckt aus, wo der Absender sitzt.

Bei den Mails von Ange02@aol.com und Ange98@gmail.com kam heraus, dass die Absender ein VPN benutzten, ein virtuelles privates Netzwerk, mit dem der Standort verschleiert wird. Bei den E-Mails von Clément allerdings hatte die Bande geschludert. Die konnten ausgelesen werden.[6]

Find Email Address Source

Der Absender saß tatsächlich in Elfenbeinküste.

---

5 Wenn das nicht geht, einfach mal beim Hilfe-Reiter »Header« eingeben.

6 hier: https://whatismyipaddress.com/trace-email

IP Address	41.189.42.164
Location	Cote D'Ivoire, Abidjan, Abidjan
Latitude, Longitude	5.30943, -4.01972 (5°18'34"W -4°1'11"N)
Connection through	ISP Cote d'Ivoire
Local Time	20 Oct. 2017 06:43 AM (UTC +00:00)
Net Speed	DSL
Area Code	005
IDD Code	225
ZIP Code	-
Weather Station	Abidjan (IVXX0001)
Mobile Country Code (MCC)	-
Mobile Network Code (MNC)	-
Carrier Name	-
Elevation	7m
Usage Type	(ISP) Fixed Line ISP

Anfangs hatte ich die Spammer für unterbelichtet gehalten, aber so blöd waren die nicht. Die Höhe des ersten Bargeldeinsatzes war gut gewählt. In Elfenbeinküste entsprachen 3150 Euro ungefähr einem durchschnittlichen Jahreseinkommen, das lohnte sich also. Für eine raffgierige deutsche Busfahrerin waren 3150 Euro gerade noch machbar. Das im Spamtext etablierte Ensemble war over the top, aber es funktionierte: Einige Figuren waren tot (Vater, Mutter, Bruder Kenneth). Der böse Onkel saß uns im Nacken, weshalb Eile geboten war. Die Ansprache durch zwei verschiedene Figuren, die Millionenerbin Ange und ihren Bank-Sachbearbeiter Monsieur Clément, erhärtete die Glaubwürdigkeit und brachte Dynamik: Er gab sich sachlich, sie spielte mit Emotionen.

Von: <Ange Paul>
Betreff: Mutter, Sie sind leise. Warum.
An: <Hannah Reuss>

Liebe Mutter,
guten Abend und wie tun, ich nicht wieder von Ihnen hörte
darüber, wie ich Ihnen gesagt, die Zahlung zu leisten. Bitte
Mutter! Ich bin sehr besorgt über Sie und dieser Fonds. Ich
möchte hier so schnell wie möglich zu verlassen. Ich warte
darauf, etwas von dir zu hören.
Mit freundlichen Grüßen, Tochter Ange.

Von: Agre Clement
An: Hannah Reuss

Gnädige Frau, wir würden empfehlen Ihnen, die Gebühr für
die Übertragung Dokumente sofort zu senden. Wir warten
auf die Zahlung von Ihnen.
Mit freundlichen Grüßen im Dienst.
Herr Agre Clément

Bei einem guten Betrug wird dem Opfer wenig Zeit zum
Zweifeln gelassen. Umso größer die Herausforderung für
mich, das Ganze hinauszuzögern.

Womit ich natürlich nicht gerechnet hatte: Während ich
unterschiedliche Ausreden entwarf und diese auf Plausibilität und Verständlichkeit prüfte, deckte ich – ganz nebenbei – das Geheimnis eines zufälligen Mitspielers auf:
Google! Dass Leute behaupten, Google sei rücksichtslos,

macht- und profitgeil, davon hat man gehört[7], aber dass der angebliche Tausendsassa sich auf diese Weise durchschummelt, nicht. Siehe meine Zwischenermittlung 》》》

---

7   vgl. z. B. die Tagesschau im Januar 2020, www.tagesschau.de/wirtschaft/faq-google-101.html

GROSSKONZERNE ALS ERFÜLLUNGS-GEHILFEN

Mal so ganz nebenbei: Google Translate blufft!

Ich hatte den Großkonzern Google gar nicht im Visier. Ich nahm nur parasitär seine kostenlosen Dienste in Anspruch. Was den Inhalt der nächsten E-Mail von Hannah Reuss an Ange Paul anging, mussten Vorwände für die Verzögerung der 3150 Euro Vorkasse gefunden werden.

Bei der Formulierung versuchte ich zu berücksichtigen, dass die Bandenmitglieder wahrscheinlich kein oder nur wenig Deutsch konnten und alle Texte durch ein Übersetzungsprogramm schoben. Dass es dabei zu Falschübersetzungen und Missverständnissen kommen konnte, hatten die kruden deutschen Übersetzungsergebnisse meiner Gegner (= »und plötzlich bin ich angesichts Lastkahn« / »ich fliehen aus der Falle« / »5,7 Millionen nach links in das Anlage Spannung Konto« usw.) offenbart. Wahrscheinlich gab es auf deren Seite niemanden, der auch nur ein Wörtchen Deutsch beherrschte. Ich wollte es besser machen, indem ich vorher ausprobierte, was der Google-Übersetzer aus meinen deutschen Formulierungen machte.[8] Beispiel:

---

8 Die Translate-Ergebnisse stammen aus dem Jahr 2023.

Aus dem höflich-distanzierten deutschen Abschiedsgruß »freundliche Grüße« macht das Übersetzungsprogramm nicht wortwörtlich »friendly greetings«, sondern »best regards«, die entsprechende Grußformel im Englischen.

»I am fine« (als Antwort auf »How are you?«) übersetzt es auch nicht wörtlich. Da geht die KI noch mal drüber und macht aus »Ich bin gut« = »Mir geht's gut«.

Ich probierte aus Spaß, ob ich »I am fine«, an der KI vorbei, auch anders generieren könnte, und siehe da:

[Ich = I | bin = am | Bußgeld = fine]

Die KI hat ja keine Vorstellung zu den Begriffen. Kein Bild. Sie arbeitet mit Wahrscheinlichkeiten und poliert das Ergebnis der Wort-für-Wort-Übersetzung nur dann, wenn das Ergebnis unwahrscheinlich ist. Wenn die Wort-für-

Wort-Übersetzung jedoch einen sinnvollen Satz ergibt, bleibt die Politur aus.

[Ich = I | bin = am | tun = doing | Brunnen = well]

Auch gut:

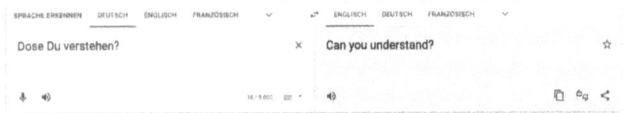

[Dose = can | du = you | verstehen = understand]

So kam es zu dieser Crashtest-Idee: Ich wollte meinen Text mit Wortfolgen bestücken, die auf Deutsch Unsinn ergeben, aber in der Übersetzung lupenreines Englisch. Wenn sie irritiert reagieren, haben sie wahrscheinlich eine deutschsprachige Person im Team. Meine Hypothese war allerdings, dass die kein Wort Deutsch verstehen, meine bizarre Schreibung also nicht bemerken und meine E-Mails bestens verstehen.

Was die Ausrede anging, machte ich's mir leicht. Ich stellte mir vor, dass Hannah bereit war, die 3150 Euro vorzuschießen, aber den Hinweis mit Moneygram überlesen hatte:

Von: <Hannah Reuss>
An: <Agre Clément>

Lieber Herr Clémenti,
Kein Problem! Ich Dose tun jenes.
Bitte schenke mir Deine Bankeinzelheiten!

Beste Rücksichten.
Hannah Reuss.

Zack – weg. Und kaum hatte ich das abgeschickt, dachte ich: Merde! In Elfenbeinküste spricht man nicht unbedingt Englisch, sondern – kurzer Blick auf Wikipedia – eine der über 70 ivorischen Sprachen (die bei Google Translate gar nicht anwählbar sind) oder: *Man spricht Französisch!* Verkackt! Die würden meine Texte auf Französisch rauslassen, sich verscheißert fühlen und abspringen.

Um zu überprüfen, was das Übersetzungsprogramm in Elfenbeinküste konkret aus »Ich Dose« macht, stellte ich die Sprachausgabe auf Französisch und erwartete »Je boite …« oder »Je cannette …«.

[Ich = je | Dose = boite oder cannette].

Aber Google schrieb:

[je = ich | peux = kann]

Der vermeintlich allmächtige allwissende Großkonzern Google!

Der übersetzt gar nicht das Deutsche ins Französische. Der geht immer über Englisch! Also Deutsch zu Englisch und dann Englisch zu Französisch. Oder *beliebige Sprache X zu Englisch*, dann *Englisch zu Sprache Y*.[9] Beweis:

Aus »Ich Armbanduhr Fernsehen« [I / watch / Television] wird auf Holländisch: »Ik kijk televisie« (= Ich gucke Fernsehen).

Aus »Das Schiff wird Waschbecken« [The / ship / will / sink] macht er nicht nur auf Englisch: »The ship will sink«, sondern auch auf Holländisch: »Het schip zal zinken«.

---

9   Google Translate 2024 – mal sehen, wann es sich ändert …

Pokerface Google erweckt in seinem gesamten Auftritt den Anschein, als würde sein Translate-Programm jede Sprache X direkt in jede andere Sprache Y übertragen können. In Wahrheit scheint Google Wortfolgen in Sprache X durch die Englisch-Maschine zu schieben, um es von dort aus in Sprache Y zu wurschteln. Dann glättet es das Ergebnis mit seiner dummen künstlichen Intelligenz und serviert es uns als schlaue Übersetzung.

FORTSETZUNG: VERFÜHRERISCHE E-MAIL-DEALS (SPAM)

Duell mit AngePaul98 – Teil 2

Zurück zu Millionenerbin Ange, Raffzahn Hannah Reuss und Banksachbearbeiter Monsieur Clément:

Ange hatte Hannah gebeten, 3150 Euro Transaktionsgebühren vorzustrecken, zu überweisen per Moneygram. Hannah hatte das verstanden und die Übernahme der Gebühren bewilligt, aber die Zahlungsmodalitäten überlesen. In ihrer Antwortmail hatte ich außerdem einen kleinen Sprachtest versteckt.

Von: \<Hannah Reuss\>
An: \<Agre Clément\>

Lieber Herr Clementi,
Kein Problem! Ich Dose tun jenes.
Bitte schenke mir Deine Bankeinzelheiten!

Beste Rücksichten.
Hannah Reuss.

Monsieur Clément meldete sich postwendend zurück:

Vielen Dank für Ihre schnelle Antwort und Sie wurde mitgeteilt, hier unten das Geld über mein Bankkonto zu senden:

Name der Bank: Bank of Africa
Bank Adresse: 01 B. P. 4132 Abidjan 01 Cote d'Ivoire (Elfen-
beinküste)
Konto Name: Agre Clement
RIB-Schlüssel: 03
Konto Nummer: 6565 5900 0603
Bankleitzahl: CL032
Swift Code: A F R I C I A B
Mit freundlichen Grüßen im Dienst
Herr Agre Clément

»Ich dose tun jenes« hatte ihn nicht die Spur irritiert. Sto-
isch gab er mir eine neue Bankverbindung – plötzlich:
Bank of Africa. Bling! E-Mail von Ange.

Liebe Mutter,
Ich danken Ihnen für Ihre Hilfe, Ihre Bereitschaft, Ihre Ent-
schlossenheit und Ermutigung, mir zu helfen, und ich
möchte Sie mir den Überweisungsbeleg zu senden, damit

ich mit ihm halten kann für die von dieser Transaktion unter
Beweis stellen. Deine Tochter Ange.

In einem verstaubten Karton fand ich einen alten Überweisungsschein der Sparkasse, füllte ihn – mit Fehlern gespickt – aus, versah ihn im Bildbearbeitungsprogramm
mit einem Stempel und sandte eine Kopie an Clément.

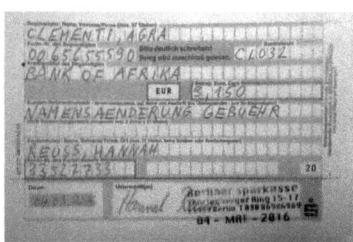

Auch diesmal musste ich nicht lange auf die Reaktion warten:

Von: <Agre Clement>
Betreff: Bankkonto Daten!
An: <Hannah Reuss>

Gnädige Frau!

das Geld, das Sie können hier nicht gesendet ankommen,
weil Sie einen Fehler auf dem Bankkonto einen Namen gemacht: Clementi Agra ist anstelle des richtigen Namens Agre
Clément.
Weil die Bankkontonummer unvollständig war, und es gab
Fehler auf dem Bankkonto Namen brechen Sie die Zahlung,

und ich werde Ihnen sagen, wie das Geld zu senden, weil ich ein Bänker bin. Stoppen Sie mit unserer Intelligenz zu spielen! Und wenn Sie nicht ernst über diese Angelegenheit sind, kontaktieren Sie mich nicht mehr!

Mit freundlichen Grüßen im Dienst

Herr Agre Clément

Fies! Hannah Reuss, eine selbständige Busfahrerin, die nur knapp über die Runden kommt, hatte ihre gesamten Ersparnisse mit Zahlen- und Buchstabendrehern nach Afrika überwiesen, also ins virtuelle Niemandsland geschickt. Erheblicher bürokratischer Aufwand stand für sie an, auch das Risiko des Totalverlusts. Und was machte Clément? Hannah zusammenfalten. Hatte Hannah die Zahlendreher mit Absicht eingebaut? Nein! Also.

Von: <Hannah Reuss>

An: <Agre Clément>

Lieber Herr Clément, ich bin Entschuldigung. Ich tat Zauberspruch dein Name unkorrekt. Bitte verharren ruhig.

Ich dichtete Hannah an, dass sie Clément nicht mehr mochte. Umso verbundener fühlte sie sich mit ihrem Schützling Ange:

Liebe Angela,
Es ist hundeelend. Ich machte einen Fehler.
Ich vermischte hoch ein wenige Nummern. I gehe morgen zur Bank und stelle sicher, dass ich mein Geld zurückbekomme. Vielleicht war es ein gutes Glück. Ich Sinn schlechte Vibrationen vom Herrn Clementi. Vielleicht ich Dose einen Partner in Polen aktivieren. Er hat Businesskontakte in Liberia. Tu nicht erzählen Mister Clementi ungefähr mein Zweifel! Hannah.

Mein perfider Plan war, die zwei ausgedachten Figuren Ange Paul und Agre Clément zu spalten.

Gnädige Frau, Sie müssen mich verstehen. Ich bin Bänker. Ich weiß, was zu überprüfen, sage die Kontonummer, auf den ersten Eingang setzen Sie mich gesandt hat, ist nicht korrekt und versuchen Sie es und das Geld zurückzahlen und es dringend notwendig.

Ich hätte damit rechnen müssen, dass Ange nicht dicht-
hält. Fake-Banksachbearbeiter Agre Clément war plötzlich
wieder verdächtig handzahm.

Im Folgenden finden Sie einen Fehler auf der Kontonummer
und mein Name es und schicken Sie mir eine andere Zahlungseingang korrigieren gemacht.

Mit freundlichen Grüßen im Dienst, Herr Agre Clément. Verwaltungsdirektor.

Name der Bank: Bank of Africa
Bank Adresse: 01 B. P. 4132 Abidjan 01 Cote d'Ivoire (Elfen-
beinküste)
Konto Name: Agre Clement
RIB-Schlüssel: 03
Konto Nummer: 6565 5900 0603
Bankleitzahl: CL032
Swift Code: A F R I C I A B

Sein Vorschlag zur Güte also: Ich möge die Kohle einfach
noch mal überweisen. Fand Ange auch:

Von: <Ange Paul>
Betreff: Agre Clément
An: <Hannah Reuss>

Liebe Mutter Hannah Reuss,
Ich möchte Ihnen mitteilen, dass Herr Agre Clément ist ein
guter Mensch und vertrauenswürdig, und ich kenne ihn sehr

gut für lange Zeit und er ist ein bescheidener und unkomplizierte Person.

Bitte liebe Mutter, kontaktieren Sie nicht jede Person in Liberia oder Polen außer Herrn Agre Clément für meine Sicherheit in diesem Land.

Liebe Mutter, ich werde Ihnen beweisen, dass mein Verständnis Sie von der Wahl auf mein Vertrauen auf Gott beruht, und nicht das Verständnis der Menschen ganz genau zu wissen, dass Gott die Arbeit der Menschen bestimmt, ohne ihn können wir nichts tun.

Die Figur Ange verhielt sich genauso ignorant wie meine Figur: Dass Hannah erklärte Atheistin war, überging sie einfach. Sie griff auch wieder zu vorgefertigten Textbausteinen:

Ich würde mir wünschen, sollten wir wie eine Familie sein.

Stellen Sie sicher, dass Sie Ihr Bestes in Sie gesetzt und Disziplin selbst gut zu beenden und stark und unabhängig davon, wie Sie die Aufgabe starten gut, müssen Sie ein starkes Engagement für Exzellenz Finishing haben.

Meine aufrichtigen Rat, dass Sie die Anweisungen der Bank folgen sollte, so dass ich mein verlorenes Glück und das Glück nach dem Tod meiner Eltern wiederzufinden.

Ihre Tochter Ange.

In meiner nächsten E-Mail forderte ich mehr Mitgefühl. Hannah schmerzte der Verlust des Geldes. Für 3150 Euro muss eine sololselbständige Busfahrerin hart arbeiten!

Von: <Hannah Reuss>
Betreff: Arbeit
An: <Ange Paul>

Liebe Angela, Tochter
Ich Dose nicht schreiben so oft wie Du,
weil Ich muss viel arbeiten.
Heute musste ich aufstehen um 5:00 Uhr morgens und fah-
ren meinen Bus zu Stettin, Polen.
Angela, Du musst jetzt stark sein
Ich will finden eine Lösung.
Aber Ich muss gehen zum Bett jetzt.
Hannah.

Am nächsten Tag setzte ich noch einen drauf:

Von: <Hannah Reuss>
Betreff: Auge
An: Ange Paul

Liebe Angela Tochter.
Mein Auge tut weh und ich Dose nicht sehen Brunnen. Ich
Dose heute nicht den Bus fahren. Mein Auftraggeber ist sehr
wütend und ich werde noch mehr Geld verlieren. Aber tu
nicht Sorge!
Alles wird sein Bußgeld.

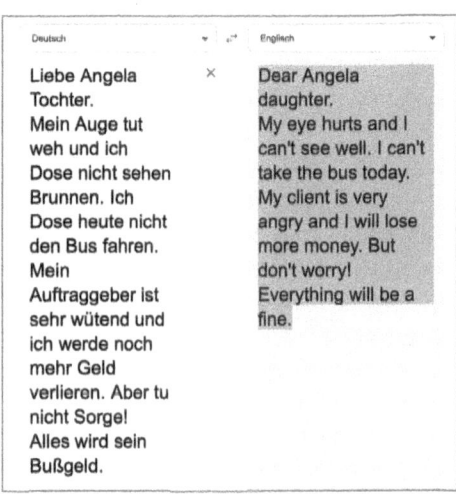

Deutsch ▾ ⇄	Englisch ▾
Liebe Angela ✕ Tochter. Mein Auge tut weh und ich Dose nicht sehen Brunnen. Ich Dose heute nicht den Bus fahren. Mein Auftraggeber ist sehr wütend und ich werde noch mehr Geld verlieren. Aber tu nicht Sorge! Alles wird sein Bußgeld.	Dear Angela daughter. My eye hurts and I can't see well. I can't take the bus today. My client is very angry and I will lose more money. But don't worry! Everything will be a fine.

Was mir immerhin gelang: eine individuelle Antwort zu ergaunern. Ohne Textbausteine!

Von: <Ange Paul>
Betreff: Re: Auge
An: <Hannah Reuss>

Mutter,

Ich bin sehr traurig für ihr Auge Problem, das ich Ihnen heute ok bekommen beten, aber ich werde gerne wissen, Ihr Geld von der Bank gesammelt haben?

Bitte Mutter, warum können Sie nicht das Geld senden, wie ich Ihnen sagte?

Bitte Mutter, wenn du weißt, dass du mich liebst tun, wie ich sagte, durch das Geld über Geldgramm zu senden.

Ich wünsche Ihnen eine schnelle Wiederherstellung, Mutter.
Mit freundlichen Tochter
Ange

Meine Hinhalte-Taktik funktionierte.

Von: <Hannah Reuss>
Betreff: Re: Re: Auge
An: <Ange Paul>

Liebe Angela Tochter,
es ist eine Katastrophe. Der Arzt sagt, mein Augenproblem
ist ein Glaukom.
Es kann passieren, dass ich erblinde. Ich brauche eine Be-
handlung mit einem Laser, die kostet mehr als 1500 Euro! Ich
rief die Bank. Sie sagen, ich muss warten 7–15 Tage, bis das
Geld ist transferiert Rücken zu meinem Konto. Ich Dose nicht
fahren meinen Bus und verliere noch mehr Geld.

Ich bemerkte, dass ich mich zu sehr aufs Ausbremsen ka-
prizierte. Ich sollte etwas Konstruktives vorschlagen. Wie
konnte es vorangehen? Ich warf einen Blick in die letzten
Mails der Gegenseite. Ange und Clément hatten sich gegenseitig Vertrauen und volle Loyalität zugesichert. Das
konnte ich nutzen.

Liebe Angela Tochter, vielleicht kann Mister Clementi uns helfen. Könnte er uns das Geld nicht einfach leihen? Zur Belohnung wir Dose anbieten ihm ein Anteil von deinem Vermögen.
Mit freundlichen Mutter! Hannah.

Auf diesen Schachzug passte garantiert kein Textbaustein aus deren Betrugskiste. Auf die Antwort musste ich ein bisschen länger warten, aber sie kam.

Von: <Ange Paul>
Betreff: Bitte hilf mir
An: <Hannah Reuss>

Mutter Hannah,
ich habe Herrn Agre Clément an diesem Abend kontaktierte uns mit der Gebühr zu unterstützen. Er sagt, dass er zu begleichen hat Probleme in der Familie, und dass er nicht die Gesamtmenge und uns mit einem Mindestbetrag von 1,500 € helfen könnte.
Er fordert mich Sie bitten, €2,000 zu schicken, wir zahlen ihn zurück, wenn die Transaktion abgeschlossen ist. Bitte helfen Sie mir, weil Sie die einzige Person, die mich in diesem Moment helfen kann. Deine Tochter Ange.

Super gelöst! Clément wollte 1500 Euro in den Topf werfen, so dass nur noch 2000 Euro aus meiner Tasche zu zahlen wären. Kleiner Rechenfehler: Eigentlich wären das ja nur 1650 Euro aus Hannahs Portemonnaie. Schwamm drüber. Mehr Schwierigkeiten bereitete mir, dass ich mich selbst ausgetrickst hatte: Es stand im Raum, dass Hannah die verkleinerte Summe zuzumuten ist.
Ich, Caro, hätte diese Summe zusammenkratzen können, um herauszufinden, was als Nächstes passiert. Aber dafür war ich zu geizig. Eher zog ich in Betracht, mich mit einer Lüge zu verabschieden:

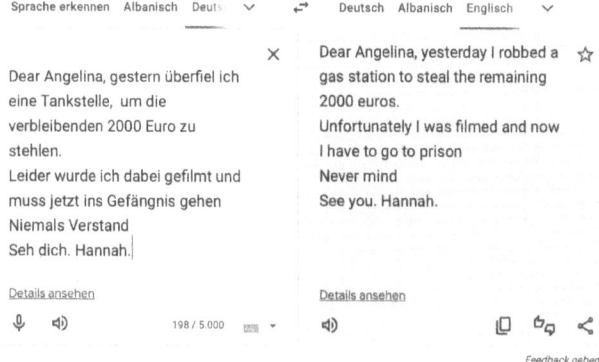

Dear Angelina, gestern überfiel ich eine Tankstelle, um die verbleibenden 2000 Euro zu stehlen.
Leider wurde ich dabei gefilmt und muss jetzt ins Gefängnis gehen
Niemals Verstand
Seh dich. Hannah.

Dear Angelina, yesterday I robbed a gas station to steal the remaining 2000 euros.
Unfortunately I was filmed and now I have to go to prison
Never mind
See you. Hannah.

Details ansehen   Details ansehen

198 / 5.000

Feedback geben

Nein! Ich hatte so viel Vertrauen aufgebaut. Die Ermittlung lief prächtig. Ich brauchte nur ausreichend Geduld, die Verhandlungen so lange fortzusetzen, bis die einen Fehler machten.

Von: <Hannah Reuss>
Betreff: Bartosz
An: <Ange Paul>

Liebe Angela Tochter,
Ich habe gute Neuigkeiten: Ich sprach zu meinem Freund Bartosz, aus Polen.
Er wird uns die fehlenden Euro 2000 für die Transaktion leihen. Aber er fordert folgende Beweise:
1. ein zweites Foto von Dir
2. Deine ID
3. Einen Bankauszug (5,7 Millionen Euro)

Bitte schick mir alles so bald wie möglich. Mutter Hannah Reuss

Von: <Ange Paul>
Betreff: dringende Mutter
An: <Hannah Reuss>

Mutter Hannah, Guten Tag.
Ich komme gerade zurück von der Bank, wo ich für die Anweisung des Kontos zu fragen gehen, hier ist die Kopie davon und meine internationalen Pass und auch meine zwei weitere Fotos.
Also warte ich von Ihnen in Bezug auf das Gleichgewicht der Geld € 2000 zu hören. Mit freundlichen Tochter. Ange.

Lächerlich! Der Kontoauszug total verpixelt, der Pass eine Farce.
Die Snapshots von Ange strange, verzerrt und dadurch unkenntlich. Agre Cléments Dienstausweis als PDF erhielt ich als Dreingabe. Man beachte den »Stempel«!

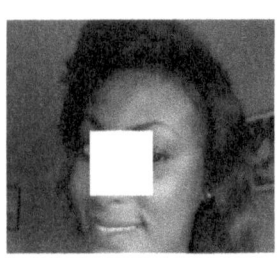

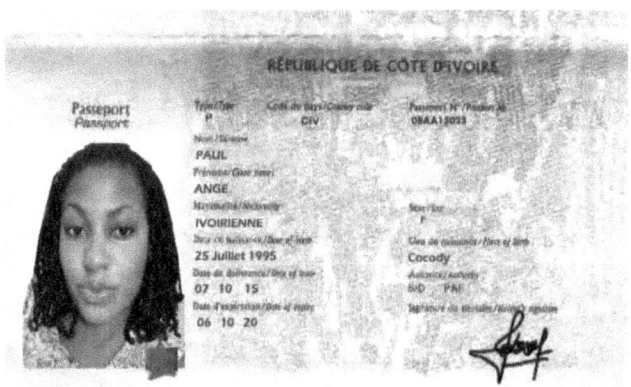

RÉPUBLIQUE DE CÔTE D'IVOIRE

Passeport
Passport

Type/Type: P
Code du pays/Country code: CIV
Passport N°/Passeport N°: 08AA15023

Nom/Surname
PAUL

Prénom/Given names
ANGE

Nationalité/Nationality
IVOIRIENNE

Sexe/Sex
F

Date de naissance/Date of birth
25 Juillet 1995

Lieu de naissance/Place of birth
Cocody

Date de délivrance/Date of issue
07 10 15

Autorité/Authority
D/D PNI

Date d'expiration/Date of expiry
06 10 20

P<CIVPAUL<<ANGE<<<<<<<<<<<<<<<<<<<<<<<<<<<<<<<<<<<<<<<<<<
08AA1502399CIV9507251F2010064<<<<<<<<<<<<<<<<<<<<<<<<<<<<02

RELEVÉ D'IDENTITÉ BANCAIRE
Immeuble Atlantique, Avenue Noguès
Abidjan
01 BP 522 ABIDJAN 01 - CÔTE D'IVOIRE

**EXTRAIT DE COMPTE
COMPTE DE DEPOT EURO (€)**

1007434101273

IDENTIFIANT	PERIODE	PAGE
0936005107	28.03.10 - 13.05.10	001

MONSIEUR KOFFI PAUL

——— DOMICILIATION ———

GROUPE BACI
Immeuble Atlantique, Avenue Noguès Abidjan
01 BP 522 ABIDJAN 01

010598

BENEFICIAIRE
MLLE. ANGE PAUL

NUMERO DE COMPTE NORMALISÉ

| ABIDJ | 01746 | 1007434101273 | 56 |

Nous avons l'honneur de vous adresser le relevé de votre compte te prédicant ci suite sauf erreur ou omission comme suit.

000000013530	09	ANCIEN SOLDE			€5 700 000.00
DATE		NATURE DES OPERATIONS	VALEUR		
29.51.10	FEV FRAIS COMPTE D0114508	7462999P1	30.00.10		

banque
atlantique **Cote d'Ivoire**

Id. No.: BA08/021
STAFF IDENTITY CARD
Surname: AGRE
Other Names: CLEMENT
Position: Administrative Director
Date of Issue: 6th June, 2008
Signature

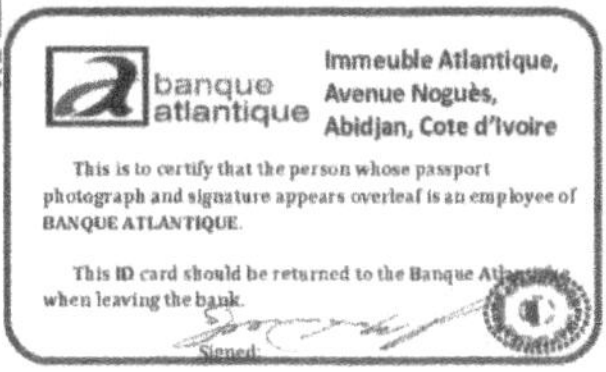

banque **atla**

La Synergie d'un R

banque
atlantique

Immeuble Atlantique,
Avenue Noguès,
Abidjan, Cote d'Ivoire

This is to certify that the person whose passport
photograph and signature appears overleaf is an employee of
BANQUE ATLANTIQUE.

This ID card should be returned to the Banque Atlantique
when leaving the bank.

Signed

Immerhin stellten die meine Glaubwürdigkeit nicht mehr infrage, sondern erfüllten meine Forderungen. Das ermutigte mich, noch einen Schritt weiterzugehen. Einen Schritt weiter Richtung Elfenbeinküste.

Per Google-Maps-Streetview fuhr ich an einem sonnigen Nachmittag durch die Straßen von Abidjan. Ich startete vor den luxuriösen Strandhotels im Süden der Stadt, wo angepinnte Touristenfotos Kolonialherrengetue bebilderten. Über ein kurzes Stück gut ausgebauter Schnellstraße erreichte ich kaputte Asphaltwege, holperte an Märkten und Wohnblocks vorbei in ein Viertel aus bunten Bretterbuden mit unbebauten Dreckplätzen, die zu Fußballfeldern umgestaltet wurden. 100 Plastikstühle als Zuschauertribüne. Buzzword: Sozialromantik. Ich versuchte, mir vorzustellen, was für echte Leute sich hinter den Figuren *Ange Paul* und *Agre Clément* verbargen, wo die sich aufhielten, welches Leben sie vor und nach der Arbeit für die Betrugsmaschinerie führten. Um das herauszufinden, hätte ich hinfahren müssen. Oder Komplizen organisieren, die mir vor Ort bei der Ermittlung assistieren. Vielleicht Landsleute von mir, war ein Gedanke. Heute weiß ich, dass deutsch-deutsche Allianzen im Ausland fehlinterpretiert werden können. Damals erhoffte ich mir ganz naiv eine Komplizenschaft ohne Sprachbarriere.

Ich fuhr ins Stadtviertel Cocody, zu der Universität, an der Ange angeblich Medizin studierte. Ganz in der Nähe stieß ich auf ein bayerisches Restaurant. User-Bilder zeigten Sauerkrautberge, glänzende Wurststapel und Schweinespeck-Schwarten. Auf einem Bild sah man drei Bayernfans, die glücklich mit einer Maß Fassbier anstießen. »Der Gastgeber, Manfred*«, hieß es in den Bewertungen, »ist ein super Gastgeber und ein echter Charakter.« Passte.

Diesmal organisierte ich mir ein Skype-Guthaben, so dass ich die lange Abidjaner Nummer bequem von zu Hause aus anrufen konnte: Knacksen, Rauschen; ein Anrufbeantworter ging dran, dann klingelte es wieder und schließlich hob jemand ab: eine nette französischsprachige Dame mit einem Akzent, der für mein Laienohr ivorisch klang. Meine Frage, ob ich Manfred sprechen könne, verneinte sie. Aber er sei – so wie jeden Abend – spätestens ab 20 Uhr vor Ort anzutreffen und dann auch telefonisch erreichbar. Ich schritt Hals über Kopf zur Tat.

Von: <Hannah Reuss>
Betreff: Bayern
An: <Ange Paul>

Liebe Angela Tochter,
es gibt ein Problem. Mein Partner Bartozs dankt für die Fotos, aber er will einen weiteren Beweis. Er gibt dir folgenden Auftrag:
Erscheine heute Abend zwischen 8 und 10 Uhr in dem deutschen Restaurant Boulevard François Mitterand, Ecke Boulevards du Marty, in Abidjan. Frage nach Manfred! Grüße ihn von Bartosz und gib ihm einen Zettel, mit dem Wort: S T R U D E L. Dann frage Manfred: Wie viel tut es kosten?

---

*   Alle mit * gekennzeichneten Namen wurden geändert.

Bitte schreibe mir eine Email mit dieser Zahl. Ich melde mich bei Dir, wenn Du mir die Zahl gesendet hast.

Wirst Du machen, was Bartosz verlangt?

Bitte, Angela, beeile Dich! Bartosz hat nicht viel Geduld.

Ich umarme Dich. Hannah, Mutter.

Ungeduldig wartete ich auf Anges Antwort. Als es acht Uhr schlug, hatte ich immer noch nichts von ihr gehört. Vorsorglich, vielleicht auch voreilig, griff ich zum Telefon, um mich mit Manfred über Möglichkeiten der Zusammenarbeit zu verständigen. Knacksen, Rauschen, Tuten …

Angestellte: Bonsoir.

[Guten Abend]

Ich als Ermittlerin Hannah: Bonsoir. C'est Hannah Reuss, je veux parler avec Manfred, s'il vous plaît.

[Guten Abend, das ist Hannah Reuss. Ich möchte bitte den Manfred sprechen]

Ich hatte es versäumt, mir vorher einen zweiten Decknamen auszudenken, also nannte ich mich als Ermittlerin einfach auch Hannah.

Angestellte: Attendez!

[Warten Sie!]

Und da kam er schon, der Gute!

Manfred: Ja, hallo.

Man hörte laut die Kneipe im Hintergrund, die Bude war wohl inzwischen voll.

Ich: Bonjour, vous parlez Allemand?
[Guten Tag! Sprechen Sie Deutsch?]
Manfred: Ja …
Ich: Ja, äh-ja, guten Tag, äh, hier ist Hannah Reuss.

Manfred bat mich, kurz zu warten, damit er vor die Tür treten konnte.

Manfred: Hier ist es besser.
Ich: Ähm, ja, ich hab eine Frage und eine Bitte an Sie. Die Frage wäre, ob Sie auch Strudel im Angebot haben?
Manfred: Apfelstrudel!
Ich: Apfelstrudel haben Sie?
Manfred: Nein, hab ich nicht.

Mist! Obwohl: War ja gar nicht wichtig. Vorsichtig eröffnete ich Manfred die Möglichkeit, dass sich heute Abend eine Ganovenbande in sein Lokal begeben würde. Er war entsetzt.

Manfred: Gibt's das wirklich?
Ich: Ähm …, ja vielleicht, und jetzt wollte ich fragen, ob Sie die verhaften könnten?

Das war natürlich unverschämt. Er kannte mich ja gar nicht.

Manfred: Ja, auf jeden Fall.

»Ja« überrascht manchmal mehr als »Nein«.

Manfred: Die Polizei, das sind meine Freunde und die sind nicht mal 100 Meter von hier weg, von meinem Restaurant, in Cocody.

Er hakte noch einmal nach, was genau die Leute angestellt hätten. Ich blieb vage – »Das ist so eine international tätige Gangsterbande« – und versprach, die Beweise nachzuliefern.

Ich: Die würden also hereinkommen und Sie fragen, was der Preis für einen Strudel ist.
Manfred: Ich werd verrückt!
Ich: Und da Sie keinen Strudel haben, also, die anderen Gäste werden ja wahrscheinlich nicht nach Strudel fragen ...
Manfred: Ähm ...???
Ich: Hm-mh. Ja.
Manfred: Sind Sie von der Botschaft?
Ich: Ach so ...

(Wie kam er darauf?)

Ich: Indirekt ja.
Manfred: Indirekt ...
Ich: Also ... ich melde mich einfach noch mal bei Ihnen, ja? Und vielen Dank für die Kooperation.
Manfred: Ist in Ordnung. Haben Sie vielen Dank für den Hinweis. Tschüsschen.
Ich: Tschüss! Tschüss! Vielen Dank!

Das Gespräch mit dem netten Manfred, welcher mir blind zu vertrauen schien – und das zu Recht –, löste die allergrößte Euphorie aus. Natürlich hatte ich bis dahin nicht wirklich damit gerechnet, dass es mir, Caro, der Hobbyermittlerin, gelingen könnte, diese Täter oder Täterinnen von meinem Schreibtisch aus zu schnappen. Jetzt schon. Doch: Bimmelimm.

Von: <Ange Paul>
Betreff: Kontaktieren Sie mich nicht mehr!
An: <Hannah Reuss>

Der Betreff in Anges Antwort lieferte den ersten Dämpfer.

Ich hasse Jokern und ich fühle mich ihr mit mir scherzen, aber mein Gebet für Sie, dass die Leute dich Witz, wenn Sie Hilfe benötigen.
Kontaktieren Sie mich nicht mehr!
Sie weitergeleitet, eine gefälschte Bankempfang und Sie lagen aber so alt wie Sie eine Frau, die Sie misbehaving sind zu sein.
Gehen Sie!
Mit Ihrem Geld und mich nicht wieder helfen!

Woher kam plötzlich dieses Misstrauen? Eben lief doch noch alles bestens. Panisch schickte ich eine neue E-Mail hinterher. Um sie wieder für mich zu gewinnen, würzte ich mein Follow-up mit etwas Aufrichtigkeit.

Von: <Hannah Reuss>
Betreff: Re: Kontaktieren Sie mich nicht mehr!
An: <Ange Paul>

Oh, nein! Angela! Ich will Dir helfen. Bitte gehe zum deutschen Restaurant. Wir brauchen einen Beweis, dass Du in Abidjan lebst und dass alles wahr ist. Mein Kontoauszug ist gefälscht. Das ist wahr. Aber Deine ID und Dein Kontoauszug sind auch gefälscht. Ich glaube Dir trotzdem.
Aber Du musst Bartosz nun beweisen, dass alles wahr ist!
Deine Hannah Mutter

Weit gefehlt!

Von: <Ange Paul>
Betreff: Stoppen!
An: <Hannah Reuss>

Stoppen Sie sich eine Mutter anrufen, weil Sie es nicht verdient, und deshalb kein anständiger Mensch wird jemals nimmt Sie ernst, weil Sie nicht ernst sind.
Sie sind zu alt, kindlich zu wirken, aber noch weiß man nie, Ihr Alter vor so schlecht absteigend dummerweise zu handeln.
Du hast meine Stimme gehört und Sie fordern mich, einen Mann zu treffen, der mich im Hotel vergewaltigen?
Sie schämen sich nicht von selbst eine Schande für Weiblichkeit und eine ausdrückliche zu Idiot zu sein. Wie könnten Sie planen für jemanden der Bande mich vergewaltigen?
Sie sind so herzlos.

Und kontaktieren Sie mich zu stoppen,
weil ich nicht mehr brauche deine Hilfe nicht.

Ange.

Ein #metoo-Vorwurf in der virtuellen Realität: Die ausge-
dachte Ange unterstellte mir, dass sich meine ausgedachten Freunde an ihrem ausgedachten Körper vergehen wollten.

Es konnte eine Ausrede sein, weil Ange – nein: *die Täter
hinter Ange!* – nicht Gesicht zeigen wollten, aber woher kam
die Intensität dieses irren Vorwurfs, der offensichtlich auch
nicht aus vorgefertigten Textbausteinen zusammengesetzt
war, sondern händisch in die Übersetzungsmaschine gehackt? Hatten Deutsche in Abidjan einen hässlichen Ruf?
Gab es stadtbekannte Taten aus dem Dunstkreis des baye-
rischen Restaurants? Vor Rassismus und Machismus und
Respektlosigkeit gegenüber Frauen sind die Deutschen
nicht gefeit. Mein Bauchgefühl sagte mir: Ja, Deutsche in
Afrika benehmen sich wahrscheinlich oft respektlos, aber
nicht unbedingt im Speziellen der Manfred in Abidjan. Es
gab keinerlei Hinweise im Internet, er hatte am Telefon nett
geklungen, und seine Angestellte, die eine Ivorerin zu sein
schien, wirkte nicht geknechtet. Dürftige entlastende Beweise, ja, aber auf Klägerseite auch. Im Zweifel für den An-
geklagten, dachte ich. Ich musste Manfred aus der Schuss-
linie nehmen.

Liebe Angela.
Das meiste, was Du mir vorwirfst, ist wahr. Ich habe alles
gefälscht. Ich habe kein Geld. Es gibt auch keinen Bartosz.
Ich bin eine scheußliche alte Frau ohne Freunde. Und es
stimmt, dass ich Dich in eine Falle locken wollte. Aber: Der
Bösewicht dahinter ist nicht Manfred. Es ist sein Stammgast
Strudel Schmidt.
Er ist ein Freund von meinem Exmann.

Manfreds Entlastung konnte ich auf diese Weise sicher-
stellen. Nur hatte *ich* zu wenig gewonnen. Mein Ziel, mich
analog und hautnah an die Bande heranzuspielen, war in
weite Ferne gerückt. Um trotzdem nach vorne zu schauen,
suchte ich nach neuen Wegen.
Wenn man im Privatleben einen Konflikt hat, lässt er sich
oft konstruktiv nutzen, indem man die Aussprache sucht.
Man tritt mit Ehrlichkeit an den anderen heran und sucht
den Dialog auf Augenhöhe. Danach ist man sich manchmal näher als vor dem Streit. So wollte ich es machen.
Einen Versuch war es wert.

Liebe Angela, ich weiß, dass Du die Geschichte über Deinen
vergifteten Vater und Dein riesiges Vermögen frei erfunden
hast. Auch wenn Du kriminell bist, hatte ich kein Recht, Dich
in die Arme des bösen Strudel Schmidt zu locken, der sich
an Dir vergreifen wollte.
Aber was nicht stimmt ist: Dass ich kein Herz habe.

Ich möchte dich um Vergebung bitten.

Wie Dose ich wieder gut machen, was ich getan habe?

Wenn es einen Gott gibt, soll er Dich für den Rest Deines Lebens beschützen!

Und, bitte Angela, sage Strudel niemals, dass ich Dir die Wahrheit gesagt habe!

Deine Hannah Reuss.

Ich wollte Ange eine Tür aufmachen. Sie oder vielmehr die Menschen, die sich hinter diesem Namen verbargen, hätten sich mir jetzt offenbaren können. Und, ja, vielleicht haben sie das gemacht. Indirekt.

Von: <Ange Paul>
An: <Hannah Reuss>

Dear,

The only thing you will do for me to forgive you is this:

Accept Jesus Christ as your lord and personal savior and confess all your sins to the church.

Jesus will forgive you, if you accept him.

[Liebe, die einzige Sache, die Du für mich tun wirst, ist Folgende: Akzeptiere Jesus Christus als Gott und persönlichen Retter und beichte der Kirche alle Deine Sünden. Jesus wird Dir vergeben, wenn Du ihn annimmst]

Tipps und Tricks

**VERFÜHRERISCHE
E-MAIL-DEALS (SPAM)**

Meine Top-10-Junkmail-Classics

◇ **Ihre Bank oder ein Amt überprüft Ihre Daten.**

*<info@check.sparkasse.to>: Sicherheitsüber-
prüfung,
<volksbank07@gmail.com>: Ihr Kontostand,
<deinfinanzamt@geldinfos.eu>: Steuerprüfung*
oder vergleichbare Absender schicken einen
Link, weil Ihre Daten, TANs, PINs und Pass-
wörter, überprüft werden müssen.
Nice try.

◇ **Ihr Account wurde gesperrt.**

*<sicherheitsrisiko@gmx.de>, <paypalsecurity@
yahoo.de>, <stratoserver@security-infos.to>* ...
teilen Ihnen mit, dass Ihr Zugang gesperrt
wurde, und senden einen Link zur Wiederherstellung. Der Link führt natürlich in die Hölle.
Am besten im Browser die vertraute URL der
angeblich betroffenen Webseite per Tastatur
eingeben und dann den Log-in versuchen.
Normalerweise ist alles okay.

Sie haben eine Straftat begangen!

<kontakt@fedpol.admin.ch>, <polizei-kommis sariat@gmail.com>, <police0023989 %&43@ tutanota.com> o. Ä.

unterstellen Ihnen Schlimmstes und fordern Sie auf, sich unverzüglich telefonisch oder per E-Mail zu melden.

Reminder: Die Polizei konfrontiert Tatverdächtige mit egal welchem Tatvorwurf nicht per Mail, sondern mit einem analogen gelben Brief, Klingeln an der Tür oder Aufbrechen Ihrer Tür.

Sie haben eine Straftat begangen und müssen sich freikaufen.

Beliebiger Absender will dokumentiert haben, wie Sie eine peinliche Straftat begangen haben (meist: verbotene Videos reingezogen), und wäre bereit, die Beweise gegen Bestechungsgeld zu vernichten (gerne in Kryptowährung auf sein/ihr Wallet).

Da würde mich mal interessieren, wie viele Zufallstreffer diese Spammer erzielen. Fest steht: Die bluffen.

Ein »attraktives« Angebot!

Sie locken mit viel versprechenden Einzeilern: *Eurojackpot – Ihre Glückskarte wartet, Salzburgerland – Abenteuer abseits der Skipiste, Potenz-Direkt: Er steht wieder wie eine Eins.*

Zeitfresser. Geldfresser. Oft legale Angebote, aber selten attraktiv.

◇ Ihr persönlicher Gutschein!

Mietwagenverleih, Online-Apotheke, Hotelbroker, ein Home-Ausstatter, Ryanair o. Ä. schenken Ihnen, höchstpersönlich, einen Rabattgutschein?
Achtung! Sparen ist teuer. Die 20 % für etwas, das Sie eigentlich gar nicht haben wollten, stehen einem Rabatt in Höhe von 100 % gegenüber, den Sie erhalten, wenn Sie nichts kaufen.

◇ Sie haben gewonnen!

Haben Sie nicht. Löschen!

◇ Sie haben von einem entfernten Verwandten geerbt!

Haben Sie auch nicht. Löschen!

◇ Sie werden von einer Stiftung gefördert.

Absender ist <bill.Clinton.4545@thehyx.com>, <susanneklatten@stiftungsgeld.org> o. Ä. ...
Die Stiftung vergibt per Zufallsverfahren bedingungslose Stipendien. Die Wahl fiel auf Sie. Ausdrucken und einrahmen!

Minimal Spam-Art

Ein Lieblings-Spam, den ich oft bekomme, geht
so: Der Absender heißt so was wie *Frederico
Marrone*, *Jessica Schmidt* oder *Ndugu Mwangi*.
Text ist nur dieser:

Hi.

https://cyber49%./login4-34

Ich habe keine Ahnung, was passiert, wenn man
draufklickt, aber dieser Spam besticht durch
schlichte Eleganz.

VORGETÄUSCHTE LIEBE (HEIRATSSCHWINDLER)

Love-Scammer John im Jeep – sofort ausgebremst

Ich lief durch die feuchte Kälte zum Italiener an der über-nächsten Straßenkreuzung. Attraktiv ist das 90er-Jahre-Neubauviertel am S-Bahnhof Karlshorst im Nebel nicht, aber in der Stadtmitte war es an diesem Tag genauso unge-mütlich, und ich schuldete Daniela*, dass ich in ihre Nähe reiste. Anfang des Jahres hatten wir uns für ein gemeinsa-mes Projekt fast wöchentlich besprechen müssen, meistens war sie in meine Richtung gependelt. Daniela war es da-mals nicht gut gegangen. Sie hatte sich in einer Lebens-phase voller Umbrüche befunden, belastet von Sorgen und Zukunftsängsten.

Das Lokal, im Erdgeschoss eines renovierten Altbaus, war groß und erstaunlich voll. Tief hängende Lampen über Holztischen leuchteten heimelig. »Caro-liiii-ne!« In der hintersten Ecke sah ich die jubelnd winkende Daniela. Wie immer überpünktlich. Ihre Wangen waren jugendlich ge-rötet, das gelbe Licht schmeichelte ihr. »Hey, Daniela! Wie

---

* Reminder: Dieser und alle weiteren mit * gekennzeichneten Namen wurden geändert.

geht's dir?!« – Umarmung – »Super!« Na ja, sagt man halt so. Aber Daniela konnte es begründen: »Ich bin frisch verliebt!«

Daniela ist eine gebildete Frau; intelligent, aber kauzig; keine Partygängerin; weit über fünfzig; manchmal humorvoll und zugewandt, aber ebenso oft eigenwillig und schroff. War ich neidisch? Meine Anerkennung fühlte sich falschzüngig an: »Das ist ja toll. Du hast jemanden kennengelernt?« – »Sozusagen ...« – »Sozusagen?« – »Facebook!«

Ein Fremder habe sie angeschrieben, weil er sich in ihr Profilbild verliebt habe. Sie hätten Nummern ausgetauscht, seitdem schicke er per What'sApp täglich Liebeserklärungen. »Das Leben hält immer und überall schöne Überraschungen bereit!« Daniela setzte ihre Lesebrille auf und studierte die Speisekarte. Ich öffnete auf meinem Telefon Danielas Facebook-Profil.

Mit einem grobkörnigen Ganzkörper-Porträt hatte sie sich unvorteilhaft in Szene gesetzt: Kaltes Licht färbte die Augenringe blau, das bunte Muster ihres Stretchkleids verformte sich ungünstig über den Speckzonen. Abgedrückt wurde aus der falschen Perspektive im falschen Moment. Oder wollte der Fotograf, dass ein Augenlid halb heruntergeklappt ist? Hinter Daniela sah man kahle Bäume und eine trockene Wiese.

»Wie finde ich deinen neuen Typen?«, fragte ich und reichte Daniela mein Handy, auf dem sie mir brav sein Profil heraussuchte. »Das ist er. Hättest du Lust, einen Vorspeisenteller zu teilen?«

Ich warf erst mal einen Blick auf *John Smith*, verwitweter Kinderchirurg aus Florida mit vollem dunklem Haar

und hellen Augen. Vor blauem Himmel und sonnenbe-
schienenen Palmen lachte er selbstbewusst in die Kamera.
Heldenhaft sein Einsatz im Jemen: Dort operierte *John*
im Auftrag einer NGO kriegsverletzte Kinder. Die wenigen Foto-Posts zeigten den breitschultrigen *John* im Chi-
rurgenkittel »@work«. Auf einem Bild mit jemenitischem
Kinderpatienten trug er eine OP-Haube mit Teddybär-
Muster – Profi, mit Herz für die Kleinen. Freizeit muss
auch mal sein: Das gepflegte Glas Rotwein unterm Sternenhimmel und auch der Kurztrip in die Wüste war für
die Freunde festgehalten worden. Blick aus dem Jeep auf
Leoparden in freier Wildbahn.

»Daniela! Nimm mir das jetzt bitte nicht übel, aber …« –
»Ja, was???« – »Das kommt mir so extrem merkwürdig
vor.« – »Wieso???«

Ich sagte nicht: »Weil es total unwahrscheinlich ist, dass
man sich erstens in irgendeinen Menschen auf Facebook
verliebt und zweitens in die ungünstig ausgeleuchtete Frau
auf *deinem* Profilbild.« Statt dessen sagte ich: »Darf ich
bitte mal den What'sApp-Chatverlauf mit ihm sehen?« –
»Also wirklich, Caroline.« Grenzüberschreitung, ja, muss
manchmal sein. »Guck lieber mal in die Speisekarte!« Ich
sagte: »Nee, also echt jetzt. In deinem Interesse!« (ich ver-
schwieg: plus aus Neugier), und klang wohl so überzeu-
gend, dass sie ihr Handy entsperrte und mich einen Blick
auf Johns Gedichte werfen ließ:

»*I want to say you, I like you so much. Your smile, it shine
like big sun in the sky […] You are in mine dreams, my
sunny, all the times.*«

Ich fragte Daniela, ob sie es nicht auch irritierend finde,
dass »John«, der nach eigenen Angaben »gebürtiger Ame-

rikaner« sei und an den besten Universitäten Medizin studiert habe, seine (»hohlen« ließ ich weg) Liebeserklärungen in erbärmlichem Englisch verfasse. »So schreibt doch kein studierter Mediziner, gebürtiger Amerikaner, Englisch-Muttersprachler.« – »Er hat eben auch seine Schwächen!«, erwiderte Danielas Trotz. Sie zeigte mir eine weitere Nachricht, in der John angab, einen Flug nach Berlin buchen zu wollen, um sie endlich persönlich zu treffen. »Er würde alles dafür tun, mich umarmen zu dürfen«, sagte sie und ergänzte, dass er ohne »diese Probleme mit seiner Kreditkarte« schon längst hier wäre.

»Sucht er zufällig jemanden, der ihm deswegen per Moneygram oder Western Union Geld leiht?« – »Woher weißt du das?«, fragte Daniela irritiert, was mich wiederum irritierte. War sie schuldlos blind oder wollte sie es sein?

»Du meinst …?« Sie tat ungläubig. – »Du hast nie in Betracht gezogen, dass der Typ fake ist?« – »Na ja, der Gedanke kam mir schon, aber …«

Es dauerte noch einen Moment, bis Daniela sich von der Idee lösen konnte, dass ein Wunder geschehen war. »Es fühlt sich doch so warm an«, sagte sie. »Das willst du mir doch jetzt nicht wegnehmen!«

Zwischendrin: Tipps und Tricks

GROSSE LIEBE MIT LEEREM VERSPRECHEN (LOVE-SCAM)

Bewährte Mittel bei Verdacht auf (Heirats-)Schwindel

◇ **Bleiben Sie indiskret!**

Plaudern Sie alles aus! Der beste Schutz vor Love-Scam sind Freunde und Freundinnen, Verwandte und Bekannte, die einen kühlen Blick auf die Ereignisse werfen.

◇ **Vergessen Sie Kylie Jenner!**

Wo standen Sie bisher im allgemeinen Love-Interest-Ranking? So weit oben, dass sich Menschen regelhaft auf den ersten Blick in Sie oder Ihr Bild verliebten? Falls Nein, dann seien Sie skeptisch, wenn das urplötzlich auf Facebook, Tinder oder anderen Plattformen geschieht. Seien Sie besonders skeptisch, wenn die Person, die Ihnen verfallen ist, aussieht wie ein Superstar.

Lassen Sie Fremde mit Problemen einfach hängen!

Werden Sie von einem neuen Flirt nach kürzester Zeit mit dessen Geldnot oder sonstigen Problemen konfrontiert? Dann helfen Sie nicht! Wer würde seine neue Liebe direkt anschnorren oder großzügige Geschenke akzeptieren? Hat diese Person sonst keine Freunde oder Verwandte, die in Notlagen helfen? Und warum versucht sie es nicht bei der Botschaft oder Mama und Papa, den Hilfevereinen, Sozialämtern oder Kolleginnen? Wahrscheinlich weil sie lügt.

Einfach selber lügen!

Verweigern Sie größere Gefallen! Geben Sie kein Geld! Und nutzen auch Sie beim Herausreden ohne jede Hemmung die Möglichkeiten des kreativen Lügens.

FORTSETZUNG: VORGETÄUSCHTE LIEBE (HEIRATSSCHWINDLER)

Love-Scammer Schmidt geködert

Danielas *John* hatte mich fasziniert. Ich wollte mehr über diese Love-Scammer herausfinden. Das Netz war voller Erfahrungsberichte, aber ich wollte höchstpersönlich ein Experiment dazu durchführen:

- *Könnte ich eine Tinder-Userin entwerfen, die sich besonders gut zum Love-Scam-Opfer eignet?*
- *Mit welcher Blitztechnik erkennt man diese Vögel?*
- *Welche Tricks wenden die Love-Scammer an?*
- *Was macht es mit einem, wenn man bedingungslos angehimmelt wird?*

Ich entwarf mein Scam-Opfer aus dem Bauch heraus: Karin Olga (Spitzname K.O.), eher weiblich, 50+, partnerlos, eigenwillig. Karin Olga hat wenige Sozialkontakte, nicht weil sie nervig ist oder Mundgeruch hat. Sie ist völlig in Ordnung, verfolgt einfach nur ihre Interessen, hat ihren eigenen Kopf, passt sich ungerne an. Vielleicht ist sie manchmal etwas unsensibel und zu wenig kompromissbereit. Dumm muss sie nicht sein, um auf einen Scammer hereinzufallen. Wichtiger ist, dass sie bei aller Nüchternheit noch Sehnsüchte hat. Das macht sie anfällig für unredliche Avancen.

Was das Gesicht von K.O. anging, überließ ich das diesmal dem Zufallsgenerator einer Webanwendung, mit der man sich ein nicht existierendes Gesicht von einer KI zusammenwürfeln lassen kann. Viele dieser KI-Kreationen haben merkwürdige Züge oder Rechenfehler ...

... aber ab und zu spuckt der Generator eine Visage aus, die vergleichsweise echt wirkt. Eine davon passte auf meine Karin-Olga-Figur.

SCAMMER-KÖDER:
Karin Olga Hattrup-Schwartz

Geboren:
20. September 1970,
Elmshorn
Lebt in Hamburg
Mag: Reisen, Outdoor,
Lesen, Kultur
Sternzeichen: Jungfrau

Karin Olga[10] ist in Elmshorn geboren und aufgewachsen. Beide Eltern waren bis zur Pensionierung Lehrer, SPD-Wählende, sahen seinerzeit in ihrem Doppelnamen Hattrup (Mutter) – Schwartz (Vater) ein Symbol der Gleichberechtigung.

Einzelkind Karin war immer eine gute Schülerin und durfte zu Hause ihre Meinung sagen. Ihren ersten Freund hatte Karin Olga mit 17 (hielt zwei Jahre), den zweiten mit 30 (hielt fünf Jahre). Sie hießen Thomas und Michael; beide so nett und langweilig, dass die Trennung ohne Streit und Tränen abgewickelt werden konnte.

Karin Olga sollte mein Köder sein, gleich zweifach ausgeworfen: Auf Facebook betreibt sie ein selten genutztes Profil, ohne Angaben zur Biografie, ab und an postet sie ein depressives Landschaftsfoto.

Karin Olga
28 August ·

"Seen-sucht..."

---

10 Aus rechtlichen Gründen konnte ich das originale KI-Bild von Karin Olga hier nicht abdrucken. Das verwendete Porträt ist »human generated«, orientiert sich aber am KI-Original.

Auf ihrem Tinder-Profil gab ich mehr preis:
heterosexuell, offen für bi;
Nichtraucherin, Frühaufsteherin;
arbeitet in einer Behörde;
hört Simon & Garfunkel.
Sucht: »mal sehen«

Wie das bei Tinder eben so ist: Sofort nach der Veröffentlichung wurde K.O. eine unendliche Fülle unpassender
Partner angeboten. Männer zwischen 30 und 65; vor ge-
putztem Auto, mit Muskelshirt und Shorts im Wald; einer
hält einen riesigen frischgefangenen Fisch vor sich; ein
anderer steht vor seiner hässlichen Wohnwand. Im Re-
kordtempo wischte ich die vorgeschlagenen Individuen
nach links (= NOPE!). Erstaunlich viele Kandidaten ga-
ben sich gar keine Mühe: schlecht ausgeleuchtet neben
einer billigen Resopaltür im Hausflur eines 50er-Jahre-
Mietshauses oder im zerschlissenen Liegestuhl vor dem
Geräteschuppen des Kleingartens. Manchmal wird es in-
tim, man sieht einen freien Bauch über leicht geöffnetem
Gürtel. Einer ist ganz nackt, nur sein Gemächt ist mit einer
hineingezeichneten großen Schleife »verpackt«. NOPE –
NOPE – NOPE – NOPE! Nur bei stereotypen Supermen
bremste ich ab.
Ich suchte nach Bildern mit gehobenem Setting: Im Hintergrund ein schickes Hotel, Traumlandschaft, eine Yacht
oder teure Architektur, alles gut ausgeleuchtet; das Bildar-
rangement gefällig. Der Abgebildete musste selbstbewusster und attraktiver wirken als seine Konkurrenz. Passte
einer optisch in mein Raster, schaute ich mir sein Inter-
essen-Profil an. Er musste Allerwelts-Vorlieben haben:

Kochen, Sport, Reisen. Nichtraucher, Romantiker. Keine eigenwilligen Sprüche. Diese aalglatten Schönlinge ohne Ecken und Kanten bekamen Karin Olgas Rechts-Wisch = LIKE!

Zwischendrin: Tipps und Tricks

VORGETÄUSCHTE LIEBE (HEIRATSSCHWINDLER)

Scammer scannen, leicht gemacht

Wenn mehrere dieser Merkmale zutreffen, haben Sie es wahrscheinlich mit einem Scammer zu tun:

Stimmungsvolles Licht

Die Fotos sind gut ausgeleuchtet, die Person vorteilhaft in Szene gesetzt: weißes Boot / schickes Auto / tolle Landschaft / teure Behausung. Gerne mit dabei: Rassehund, Katze, Pferd. Diese Inszenierung nutzen allerdings nicht nur Schwindler, sondern auch normale Flirtkandidaten (da es zahlreiche Anbieter von entsprechenden Fotoshootings für ebenjenen Zweck gibt).

Makellose Schönheit

Tolle Haare, weiße Zähne, schöne Haut; wenn Falten, dann nicht abgehalftert, sondern reif; durchtrainierter Körper; sportlich, lässig, sauber gekleidet. Alles sitzt. Keine Schweißflecken unterm Arm.

◇ Liebt das Meer und kocht gerne

Die verdächtigen Kandidaten sind nicht individuell. Sie mögen Reisen, Kochen, gutes Essen, Relaxen; sie rauchen und trinken wenig und sind ansonsten aufgeschlossen für alles; sie verzichten oft auf die Wahl eines Lieblingssongs. Der durchschnittliche Scammer hat keine Meinung, keinen Geschmack, keine individuellen Präferenzen.

◇ Klopft keine Sprüche

Der Scammer will um keinen Preis anecken. In seinem Profil verzichtet er/sie meist auf Lebensweisheiten, die bei der Konkurrenz äußerst beliebt sind (»Lebe im Hier und Jetzt, denn später kommt früher als du denkst!«).

◇ Kennt das Leben und die Liebe

Der Scammer gibt sich treu und zur dauerhaften Partnerschaft begabt. Er/Sie ist nur deswegen allein, weil er/sie die Liebsten schicksalhaft verloren hat. Gerne Witwe:r oder unschuldig geschieden.

◇ Treue bis zum Tod

Virtuelle Scammer suchen keinen schnellen Sex vor Ort (denn vor Ort werden sie nie sein). Sie suchen immer die feste Partnerschaft oder »mal sehen«.

Übrigens: Scammer können überall sein

Bei Gratisversionen von Tinder und anderen Apps wird die Distanz zum anderen angezeigt. Beim Scammer steht gerne mal »*2045 Meilen Entfernung*« trotz angeblichem Standort »*Erfurt*«. Mit zahlungspflichtigen Premium-Versionen können Scammer die Entfernungsangabe manipulieren. Und ob er/sie eine Premiumversion nutzt, kann man nicht sehen. Wo sie wirklich sitzen, weiß also keiner.

Den verschiedenen Dating Apps, von denen es Hunderte gibt, liegen verschiedene Konzepte zugrunde. Bei Tinder ist es so, dass die App jedem Mitglied, also auch den Scammern, täglich Hunderte von Kandidaten und Kandidatinnen vorschlägt. Wenn zwei Mitglieder einander vorgelegt werden und sich gegenseitig liken, dann gibt es einen MATCH. Ich musste also ausharren, bis einem der von mir ausgesuchten oberflächlichen Charmeure meine Karin Olga vorgelegt wird und er sie ebenfalls liket.

Der Match würde schneller erfolgen, wenn der Scammer Tinder Gold hat, denn mit Gold-Status erfährt er sofort, wer ihn schick findet. Die Person liket er dann wahrscheinlich sofort zurück. So muss es bei mir der Fall gewesen sein. Lange warten musste ich jedenfalls nicht:

François is a *MATCH*!

Dunkelhaariger Portugiese, volle Lippen, gut rasiert, Sport-Outfit. Statur wie ein Weltklasse-Footballer. Unter dem rechten Arm trägt er einen Weltklasse-Mops mit den allersüßesten Kulleraugen. François schreibt:[11]

> F:
> Hallo, wie geht es ihnen, liebe Frau! Ich hoffe dass es dir gut geht! Ich bin sehr froh, dass es mir so gut geht. Ich heiße François und bin Single ohne Kinder.

Schmidt, Eddie Ronald is a *MATCH*!

---

11 Originalchats wurden übersetzt und teilweise gekürzt.

Schmidt ist wahrscheinlich Südosteuropäer oder Nordafrikaner. Nicht ganz so schön wie François, da er einen biederen Zug hat, aber er trägt blitzsaubere Kleider, hat makellose Haut und besticht mit forderndem Blick. Auf einem Bild präsentiert er sich als Radfahrer im knackigen Sportdress, auf einem anderen trägt er eine weiße Seemannsuniform mit goldenen Streifen auf den Schulterklappen:

> S, ER:
> Schöne Karin! Ich bin froh, dass wir uns gefunden haben. Ich bin ein Marine Ingenieur, an Bord eines Schiffes. Ich suche eine ernsthafte Beziehung zu einer Frau, die mit mir den Rest meines Lebens verbringt, wenn ich zurück von meinem Trip komme.

Paul Alex Owel is a *MATCH*!

Selbstbewusster Amerikaner mit blonder Stirnlocke und Dreitagebart, präsentiert sich im klassischen Old-School-männlichen Look mit lässigen Posen.

> P:
> Hello. Du siehst wunderschön aus.
> Wo kommst Du her?

Pauls Beruf: Arzt! Konkret: Orthopäde! Wo? Im Jemen! Kein Scherz. Genau wie dieser erfundene Vogel, in den Daniela sich verguckt hatte. Ist es common sense unter Scammern, dass die Kombination Orthopäde und NGO im Krisengebiet bei deutschen Frauen gut ankommt? Paul wirkte auf seinem Foto attraktiver, lässiger und echter als die anderen beiden. Mithilfe einer Bilder-Suchmaschine fand ich heraus, wie es dem Scammer gelungen war, auf diese Weise hervorzustechen: Der Scammer – oder wahrscheinlich die Scammerbande – hatte ein Foto des italienischen Fernsehschauspielers Paolo Conticini verwendet.

Bei der Bildersuche hatte ich zufällig noch ein Video entdeckt, in dem Paolo Conticino informelles Blabla in eine Handycam sprach. Ich konnte es mir nicht verkneifen, Tinder-»Paul« damit aufzuziehen. Mithilfe meiner Tochter, die jeden Text lippensynchron auf einen Filmausschnitt sprechen kann, unterlegte ich diesen Clip mit einer persönlichen Botschaft. Dank dem Voice-Filter »Terminator« konnte ich ihre Stimme ungefähr in die von Paolo verwandeln. Die neu synchronisierte Movie-Datei hängte ich an Karin Olgas nächste Nachricht:

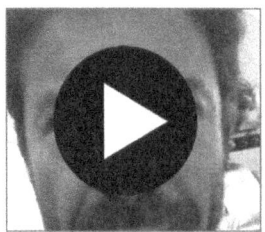

Paolo Conticino (in meinem Movie): »Hello Paul. You have been abusing my pictures on Tinder! Don't do that!« [= Hallo Paul. Du hast meine Bilder auf Tinder missbraucht. Lass das!]

Paul löste den Match und ward nie wieder gesehen.

Zwei hatte ich noch: François und Schmidt, Eddie Ronald. Ich nahm mir François vor, mit der Idee, ihn quick & honest anzugraben.

… aber die Tinder-KI war dagegen:

> Dein Match findet diese Message wahrscheinlich nicht so toll und könnte das Match auflösen oder dich melden. Willst du sie trotzdem so abschicken?
>
> **Nein, löschen**

Also schrieb ich ihn altersgerecht und knöchern an:

> **K.O.:**
> Lieber François, mein Name ist Karin Olga. Ich bin Sachbearbeiterin in einer Hamburger Behörde (Bauen). Ich arbeite viel und treibe gerne Sport. Heute Abend gehe ich ins Kabarett. Was machst Du?

Ebenso unsexy meldete ich mich bei Schmidt, Eddie Ronald:

> **K.O.:**
> Lieber Schmidt, mein Name ist Karin Olga. Ich bin Sachbearbeiterin in der Hamburger Baubehörde und beschäftige mich mit dem Rückbau von Parkplätzen. Ich arbeite viel und treibe gerne Sport. Nachher werde ich in den Stadtpark fahren und Enten füttern. Was machst Du so?

Die Annäherung war gähnend langweilig und unattraktiv, aber ich ging davon aus, dass ich weder François noch Eddie damit verschrecken würde, weil sie ja Scammer waren. Damit lag ich richtig. Beide antworteten und beide schickten zunächst ihre erfundenen Biografien.

Der muskulöse Portugiese *François* behauptete, in Westafrika als Goldgräber zu arbeiten. In Zukunft wolle er nicht mehr selbst schürfen, sondern nach Deutschland ziehen, um dort mit seinem Gold-und-Juwelen-Handel zu expandieren und seine »Frau fürs Leben« glücklich zu machen.

Schmidt, Eddie Ronald gefiel sich in der Rolle des Marine-Ingenieurs an Bord eines großen Frachtschiffs. Dieses transportiere Uran von Kanada nach Japan. Sein Plan sei, nach der Ankunft in Japan nach Europa zu fliegen und sich dort dauerhaft niederzulassen.

Hat die Tinder-KI so was wie einen »Scammer-Scanner«? Falls ja, dann kennen die Scammer den Scammer-Scanner und versuchen, dem zu entwischen. Beide erfragten Karin Olgas Telefonnummer. Kaum hatten sie die (ich schickte beiden die Telefonnummer meines Zweittelefons), setzten sie den Dialog über WhatsApp fort und löschten ihr Tinder-Profil.

Zwischendrin: Tipps und Tricks

**VORGETÄUSCHTE LIEBE
(HEIRATSSCHWINDLER)**

Tinder-Scammer tindern ohne Tinder

◇ Der Scammer wechselt gerne zu WhatsApp.

◇ Nach dem Wechsel zu WhatsApp löscht der
Scammer meist sein Tinder-Profil.

François
Hallo Liebe, was machst Du so?

>K.O.:
>Hallo. Ich bin es, Karin Olga, in der
>Mittagspause. Heute: Königsberger
>Klopse mit Reis. Gar nicht schlecht.
>Was isst Du zu Mittag?

François
Hühnchen & Pommes Frites

>K.O.
>Aha. Wo lebst Du denn während der
>Goldgräberei? Im Hotel?

François
Ja. Sage mir: Was sind Deine Hobbys?

>K.O.
>Avantgarde-Film, Lesen, Theater, ge-
>sundes Essen, Schwimmen, Outdoor-
>Sport. Erzähle mir auch mehr von Dir.
>Wer sind Deine Eltern? Deine Ge-
>schwister?

François
Ich wurde verlassen in den Straßen
von Paris geboren und in ein Waisen-
haus aufgenommen. Was mein Leben
als Paar betrifft, so traf ich meine ver-

storbene Ex und wir beschlossen, ein
Kind zu bekommen, aber leider verlor
ich sowohl sie als auch das Kind aufgrund einer inneren Blutung. Ich lebe
seit 3 Jahren allein. Ich suche eine
aufrichtige und ernsthafte Frau.
Was ich an einer Frau mag, ist ihr
Lächeln, ihre Zärtlichkeit, ihre Aufrichtigkeit und ihr Herz.

Ach, der Arme. Ich hatte da schon keinen Bock mehr auf
den.

K.O:
Lieber François, ich kann Deine Er-
wartungen nicht erfüllen, denn es fällt
mir schwer zu lächeln. Willst Du, dass
wir uns trennen?

Der schöne Portugiese machte sich nicht mal die Mühe
zu antworten. Ich hätte die Trennung nicht riskiert, wenn
ich nicht einen dritten Spatz in der Hand gehalten hätte:
Schmidt, Eddie Ronald.
Um mich charaktergerecht zu verhalten, behielt ich im
Hinterkopf, dass Karin Olga Vollzeit in der Behörde arbeitete. Ihre Abende waren meistens verplant. Wenn sie
es schaffte, ihrem Tinder-Date zu schreiben, dann vor
acht Uhr morgens, während der Mittagspause oder zwischen 18 und 19.30 Uhr. Manchmal (selten) nachts vor
dem Zubettgehen.

EDDIE:
Wunderschöne Karin. Wie geht es Dir?

> **K.O:**
> Hallo Eddie. Ich bin es, Karin Olga, in der Mittagspause. Wie ist das Wetter da drüben? Alles in Ordnung mit Eurem Schiff?

EDDIE:
Ich freue mich von Dir zu hören.
Heute regnet es.

> **K.O:**
> Was machst Du auf dem Schiff, wenn Du Freizeit hast?

EDDIE:
Ich höre Nachrichten und beobachte die großen Fische im Meer. Ich spiele auch Klavier.

> **K.O:**
> Ich spiele Klarinette.

EDDIE:
Wow. Das ist sehr cool.

> **K.O:**
> Danke. Erzähle mir mehr über Dich!

Eddie schickte mir einen wortreichen Text zu seiner Biografie. Meine Zusammenfassung: Er wuchs als Einzelkind in North Dakota, also in den USA, auf. Dort fand er auch eine Frau. 23 Jahre lang war er mit ihr verheiratet, bis sie (kürzlich) bei einem Autounfall das Leben verlor. Im gleichen Jahr starben beide seiner Eltern. Eddie verlegte seinen Hauptwohnsitz nach Berlin, heuerte von dort aus auf dem Uran-Schiff an – und war damit schon in der Gegenwart angekommen. Das Schiff befand sich aktuell im Indischen Ozean. Er rechnete damit, in weniger als zwei Wochen in Japan anzulegen. Von Japan aus sollte es nach Deutschland gehen.

> EDDIE:
> Nichts passiert zufällig. Jeder muss sein Leben selbst in die Hand nehmen. Ich habe keine Freunde, weil ich versuche, den einzigen zu finden, der meine innere Leere füllen kann.

Könnte Karin Olga diese Leere füllen? Am nächsten Tag ließ ich sie aufs Gas treten:

> K.O:
> Lieber Eddie. Ich weiß, es ist peinlich und kindisch und ich weiß auch nicht, warum ich das frage, aber: Liebst Du mich?

Eine ausgestreckte Hand für den Scammer, dachte ich.

Ich glaube, Liebe ist etwas, das wachsen muss.

Er griff nicht danach.

K.O:

Lieber Eddie. ich will ehrlich sein. Ich kenne Dich kaum, aber ich habe mich in Dich verliebt.
Ich weiß, es ist beschämend, aber ich musste es Dir sagen. Ich hoffe, Du magst mich noch. Entschuldige meine Aufrichtigkeit.

Einen ganzen Tag lang keine Antwort. Dann sehr zurückhaltend:

EDDIE:

Meine liebe Karin. Entschuldige, dass ich mich so spät melde. Ich habe sehr viel gearbeitet und musste mich danach ausruhen.

Irritierend. War Schmidt, Eddie Ronald wirklich ein Scammer? Seine Backstory war klar gelogen. Aber es gab ja auch andere verlogene Quatschköpfe auf Tinder: Verschämte Drückeberger oder neugierige Voyeure, die sich hinter falschen Profilen verstecken, um per Love-Chat über den Zaun zu schauen.
Ich vermutete dennoch, dass das Hinhalten bei Eddie kühl

berechnende Taktik war. Er dementierte damit den Scammer-Verdacht, und emotional funktionierte es vielleicht sogar besser als überstürzte Liebesschwüre. Mit Karin Olga verschmelzend, fühlte ich, wie ihr Herz nach Eddies reservierter Reaktion mehr klopfte als vorher. Er hatte die Tür ja nicht zugemacht. Ein Spalt war noch offen. Unterbewusst spürte er, dass hinter dieser Tür seine große Liebe in ihrem Beamtenstuhl saß.

⚠ Dem Scammer seine Credibility

Wie im echten Leben: Liebe muss wachsen!
Ein guter Scammer lässt sich Zeit.
Das erhöht seine Glaubwürdigkeit.

Weiter ging es mit Fotos von Eddies Reise:

EDDIE:

Guten Abend meine wunderschöne Karin.

K.O:

Oh. Das Boot ist wunderschön ...[12]

EDDIE:

Ja, Das Meer ist schön. Lebst
Du alleine?

K.O:

Ich lebe alleine. Ich liebe das. Kein
Lärm. Keine Verpflichtung zu plaudern.

EDDIE:

Ich lebe auch alleine. Ich habe bisher
kein Haus in Deutschland. Ich werde
ein Haus kaufen, wenn ich zurück bin.

K.O:

Wo willst Du leben? In Hamburg ist ein
Haus sehr teuer. Ich glaube, Du musst
vielleicht in einen kleineren Ort ziehen.

---

12 Das Bild von Eddies Boot wurde hier aus urheberrechtlichen Gründen gegen ein ähnliches ausgetauscht.

EDDIE:
Hauptsache es passt für uns beide.
Ich will ein großes Haus mit Garten,
Pool, Garage, Garten und Sauna. Ich
werde mein Haus in Deiner Nähe kau-
fen, Geld spielt keine Rolle.

Eben hatte Eddie sich geziert, Karin Olgas Liebeserklärung
zu erwidern, jetzt ging er fest davon aus, dass sie ihr Leben
zusammen verbringen würden. Diese Wankelmütigkeit
verunsicherte Karin. Als er ankündigte, dass er sehr bald in
Hamburg eintreffen werde, ließ ich sie ungelenk reagieren:

K.O:
Ich werde Dir Empfehlungen für ein
nettes Hotel oder Air b n b schicken.
Wenn Du dann kommst, kann ich ein
gesundes Essen kochen, und wenn
wir uns gegenseitig mögen, können
wir bei mir Sex haben. Falls nicht,
gehst Du zurück ins Hotel.

EDDIE:
Ich freue mich auf ein Romantic
Dinner am Abend meiner Ankunft.

Auf das Sexangebot kam keine Reaktion. Vielleicht hat
auch ein Scammer seine Ehre. Beschämt erkannte ich, dass
es wahrscheinlich nicht korrekt ist, Verbrecher verbal-
sexuell zu belästigen. Es gab genug andere Möglichkeiten,
Nähe herzustellen:

Aber Eddie, ich bin ein bisschen kompliziert. Ich hatte mal ein Date mit einem Kollegen. Es war bei ihm. Er machte Spaghetti und wir guckten Fußball. Nach dem Spiel sah er mich an. Er hatte sich wohl in mich verliebt, während ich dachte: Ich mag ihn zwar, aber ich liebe ihn nicht. Das sagte ich ihm und dann sagte er, ich sei trocken wie die Wüste Gobi. Das hat mich sehr irritiert.

EDDIE:

Ich respektiere jede Deiner Entscheidungen. Ich bin ein ehrlicher und aufrichtiger Mann mit einem Sinn für Humor.

K.O:

Okay, ich muss jetzt los. In der Stadtbibliothek gibt es einen Vortrag über die deutsche Fauna im Klimawandel. Ich bin erst gegen halb elf zurück. Gute Nacht.

Eddie blieb dran. Er schrieb mir täglich einen langweiligen lieben Gruß und erhöhte mit jedem Chat die Ansprüche an mich.

EDDIE:
Guten Morgen Karin.

K.O:
Hallo lieber Eddie. Heute bin ich sehr beschäftigt. Ich schreibe dir morgen.

EDDIE:
Ich bin so traurig, weil du so selten schreibst.

Er setzte auf emotionale Erpressung.

EDDIE:
Es tut so weh.

EDDIE:
Wenn Du keine Zeit für mich hast, ist es besser, wir beenden das.

Die besten Ausreden wollte er nicht gelten lassen:

K.O:
Bitte gib nicht auf! Ich habe so viele Freunde verloren, weil ich Schwierigkeiten habe, sozial zu sein. Na ja, ich vermisse sie nicht, aber Dich würde ich vermissen. Ich hatte einen vollen Tag heute, mit meinen Eltern. Sie sind noch hier und machen ein Nickerchen. Nachher werden wir Suppe essen und

Karten spielen, dann bringe ich sie nach Hause. Mein Vater wird vergesslich. Er wollte heute ohne Schuhe aus dem Haus gehen, aber er hat Humor und hat gelacht.

EDDIE:
Aber Du solltest mir immer Aufmerksamkeit geben. Ich mag es nicht, wenn Du für einen Tag schweigst.

Er ging sogar so weit, Eifersucht zu behaupten.

EDDIE:
Gibt es einen anderen Mann, dem Du Deine Aufmerksamkeit zukommen lässt?

K.O:
Guten Morgen, Eddie. Was meinst Du damit? Ich arbeite viel und habe viele Hobbys. Alle Aufmerksamkeit, die ich sonst noch zu vergeben habe, bekommst Du.

EDDIE:
Ich verstehe Dich sehr gut, aber Du solltest mir täglich ungefähr 30 Minuten oder eine Stunde Aufmerksamkeit schenken. Ich liebe es, Dir zu schreiben. Ich mag Dich so sehr.

Ich gehe davon aus, dass diese Drohung technisch war. Je mehr Zeit das Scam-Opfer auf seine oder ihre Fernbeziehung verwendet, desto abhängiger macht er/sie sich.

> K.O:
> Eddie, mein Liebster. Wo bist Du jetzt?
> Du müsstest in der Nähe Russlands
> sein. Ist das nicht gefährlich?

> EDDIE:
> Wir sind jetzt beim Bay of Bengals.
> Wir steuern auf Yokohama, Japan, zu.

Karin Olgas Herz schlug höher. Eddie würde schon bald in Yokohama landen, dort ins Flugzeug steigen und nach Hamburg fliegen. In ihrer Phantasie wartete sie mit geröteten Wangen am Arrival-Gate, vor der Brust ein Schild in Herzform: EDDIE. Die Schiebetüren öffnen sich: Touristen und Geschäftsleute, Pärchen, Familien, Bordpersonal, dann plötzlich Eddie, müde und verstrubbelt, mit einem Seesack auf dem Rücken, mit den Augen nach Karin Olga suchend, bis er sie entdeckt, strahlt und auf sie zurennt ... – doch auf den letzten Metern stellten sich überraschende Hindernisse in Eddies Weg.

> EDDIE:
> Meine liebe Karin, ich möchte Dich
> wissen lassen, dass wir hier auf dem
> Schiff mit so vielen Problemen kon-
> frontiert sind. Ich bin verwirrt und bete,
> dass Gott uns hilft.

Wir bewegen uns jetzt sehr langsam
aufgrund einer defekten Schiffsschraube.

Die Informationen, die wir vom Signal-
haus erhalten, besagen, dass somali-
sche Seepiraten das Meer blockieren.
Sie sind etwa 412 km von uns entfernt
und der nächstgelegene Ankerplatz für
dieses Schiff ist Port Klang Island,
irgendwo an der Küste der Straße von
Malakka, im Süden Malaysias.

Der Kapitän des Schiffes hat angekün-
digt, dass dort alle ihre Wertsachen
auf ein anderes Transportmittel um-
laden sollten. Mein Schatz, ich habe
Wertsachen in diesem Schiff, wie
meine goldenen Armbanduhren und
Halskette, meine Vertragsdokumente
und mein Geschäftskapital. Ich habe
Angst, das alles an die gefährlichen
Piraten zu verlieren.

Bitte Schatz, ich brauche deine Gebete, dass uns hier nichts passiert,
denn diese Piraten sind extrem gefährlich.

Wir erhielten Informationen darüber,
dass sie ein unter italienischer Flagge
fahrendes Schiff und auch ein chinesi-
sches Frachtschiff angegriffen und
entführt haben.

Bitte, Schatz, pass gut auf dich auf,
bis ich dich erreichen kann.

Die nüchterne Karin Olga war ja nicht so leicht aus der Ruhe zu bringen. Natürlich wusste sie nicht, wie man einen Piratenangriff auf der Straße von Malakka abwehrt, aber ein kluger Kopf kann trotzdem guten Rat geben. Von Reisen durch arme Länder wusste Karin Olga, dass man immer einen Zwanzig-Dollar-Schein in der Hosentasche mit sich tragen sollte, falls man Opfer eines Überfalls wird. Das ließ sich auf die Situation übertragen:

K.O.:

Hör zu, Eddie. Ich bete nicht, aber:
Das ist ernst.
Versprich mir, die Situation ohne Panik zu ertragen. Sie werden dich gehen lassen. Verstecke die meisten Deiner Wertsachen im Maschinenraum!
Wenn Piraten kommen, gib ihnen einen kleinen Teil der Sachen heraus, damit sie nicht aggressiv werden.
Wickele aber vorher ein bisschen Uranium mit ein, so dass die Piraten später der Strahlung ausgesetzt sind. Zur Strafe!
Ich mache mir solche Sorgen, Eddie. Bitte halte mich auf dem Laufenden. Bitte!

Ich vermied es natürlich, Eddie bloßzustellen. Deswegen wies ich ihn auch nicht darauf hin, dass die malaiische Insel Port Klang gar nicht auf dem Weg lag, sondern von seinem Startort in Kanada aus gesehen mehrere Tausend Meilen *hinter* seinem Reiseziel Japan.

 Des Profi-Scammers Lügenschloss ...

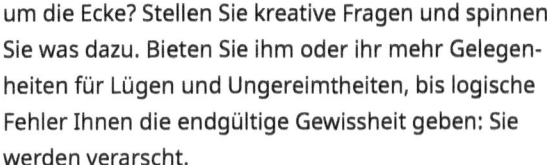

Wenn's absurd wird, mach einfach mit!
Ihr Cyber-Flirt kommt mit einem Reigen ungewöhnlicher Ereignisse um die Ecke? Stellen Sie kreative Fragen und spinnen Sie was dazu. Bieten Sie ihm oder ihr mehr Gelegenheiten für Lügen und Ungereimtheiten, bis logische Fehler Ihnen die endgültige Gewissheit geben: Sie werden verarscht.

Die Ereignisse überschlugen sich. Eddies Schiff war trotz der kaputten Schiffsschraube mit der Geschwindigkeit eines Ultraschallflugzeugs auf Port Klang, Malaysia, gelandet. Den Piraten war er entkommen, aber die Gefahr war noch nicht gebannt:

EDDIE:
Hallo Schatz, wie geht es dir? Ich habe dich so sehr vermisst.

Der Kapitän und die Küstenwache hier auf der Insel rieten uns sicherzustellen, dass wir keine kostbaren oder wertvollen Dinge bei uns haben oder mitnehmen, wenn wir unsere Reise fortsetzen müssen.

Ich habe mit einer der Sicherheitsfirmen hier auf der Insel gesprochen. Du musst mir schnell die folgenden Informationen senden: Deinen vollständigen Namen, Deine Privatadresse und Deine E-Mail-Adresse.

Schatz, bitte beeil dich, es ist dringend. Ich warte hier im Büro der Sicherheitsfirma, weil ich sie bitten muss, ihre Internetverbindung zu nutzen, um Dir zu schreiben

Ich werde immer mein Bestes geben, um Dich auf dem Laufenden zu halten. FÜR IMMER ZUSAMMEN!! ICH LIEBE DICH. Eddie.

Herzklopfen pur. Eddies erste echte Liebeserklärung an Karin Olga. Und das, während er in höchster Gefahr schwebte. Er vertraute Karin Olga so sehr, dass er allen Besitz in ihre Obhut geben würde.

K.O.:
Okay, wir müssen schnell handeln.

Ich fuhr per Google-Maps durch Hamburg und dichtete Karin Olga schließlich eine Eigentumswohnung in einem 60er-Jahre-Mehrfamilienblock in der Borgfelder Straße, zwei Kilometer östlich des Hauptbahnhofs an. Pragmatisch wie sie war, hatte sie die charmefreie Drei-Zimmer-Wohnung mit Balkon kurz nach der Verbeamtung zu einem vernünftigen Preis erstanden.

Diese Anschrift textete sie Eddie, zusammen mit ihrer E-Mail-Adresse. Wenig später befand sich in ihrem Postfach eine Nachricht des Unternehmens *Top Link Couriers Service*.

Von: <toplink>
An: <K.O.Hattrupp-Schwartz>

Lieferservice
https://toplinkcourierss.com/de/

Achtung: Karin Olga Hattrupp Schwartz
Ihr Paket wurde kürzlich an Ihrer Privatadresse registriert
Borgfelder Straße 16, 20537 Hamburg

HINWEIS: Verfolgen Sie Ihre Sendung, um den aktuellen Standort und Status herauszufinden.

ABSENDERNAME: Schmidt Eddie Ronald
TRACKING: DFSDS43SSAG

Bitte besuchen Sie https://toplinkcourierss.com/en/ und geben Sie Ihre Tracking-Nummer ein

DFSDS43SSAG

Beste Grüße

Ungefähr zeitgleich meldete sich Eddie, per WhatsApp-Nachricht. Er war immer noch in Port Klang.

EDDIE:

Hallo Darling,
wir haben erfolgreich die Schiffschraube repariert, aber wir haben Angst. Diese Piraten können gefährlich werden. Du musst für mich beten. Ich weiß, dass Gott die Gebete der Frauen schnell beantwortet. Gott hat uns aus gutem Grunde zusammengebracht. Er wird nicht zulassen, dass die Piraten mich umbringen.
Im Moment sind wir sicher und ich habe alles mit TOP-LINK organisiert. Ich habe 13 000 Euro processing fee bezahlt. Ich wollte auch die Shipping-fee bezahlen, aber ich bin auf einer Insel und kann das vom Schiff aus nicht bezahlen. Ich brauche Deine Hilfe die Liefer-Pauschale zu bezahlen. Ich habe der Shipping-Company

untersagt, die Fracht zu scannen
wegen des Geldes im Safe.
Darling, bitte beschütze mein Gepäck.
Darin ist auch mein Business-Geld
und das Geld, dass ich von meinem
Vater erbte.
Gott weiß, wie entschlossen ich bin,
Dich zu belohnen, wenn ich zu Dir
komme.
Ich vermisse Dich sehr. Ich liebe Dich.

Allerhöchste Zeit für Karin Olga, die Anweisungen in der TOP-LINK-E-Mail auszuführen. Erstens die Webseite aufrufen. Zweitens die Trackingnummer aus der E-Mail eingeben:

Die Seite war gut programmiert. Es erschien eine Statusliste mit Karin Olgas Adresse und eine Landkarte, auf der man ablesen konnte, wo sich Eddies Sachen gerade befanden.

Qty	Item(s)	Status	Destination	Total freight	Paid Amount
1 Trunk Box	Parcel	Transite state	Borgfelder Straße 16, 20537 Hamburg	Handling Charge Paid (Delivery Fee Not Paid)	€13,000

Payment Method: Amount Due:

Shipping Fee:	Handling Charge Paid (Delivery Fee Not Paid)
Total Freight: Paid	€13,000

Secure Payments By
PayPal™
VISA MasterCard DISCOVER
NO PAYPAL ACCOUNT NEEDED!

ID	Location	Status	Date/Time	Activities
4	Germany	AWAITING	24/09/2023 7 30 pm	Parcel Awaiting
3	Turkey	AWAITING	23/09/2023 10 00 AM	Parcel Awaiting
2	Philippines	AWAITING	22/09/2023 4 55PM	Parcel Awaiting
1	Malaysia	ARRIVED	20/09/2023 8 30 PM	Parcel Received

Offen war nur noch die von Eddie erwähnte Delivery Fee (läppische 2700 Euro), einzuzahlen auf ein Konto, das mir TOP LINK wiederum in einer zweiten E-Mail zukommen ließ:

[...]
L.E. Müller
Deutsche Bank
DE 89XXXXXXXXXXXXX
[...]

Ein Konto bei der Deutschen Bank also, bei dem man nicht weiß, ob es das Konto der Täter ist, eines kriminellen Subunternehmens, einer Vertrauten oder einer Unwissenden, deren Ausweis geliehen wurde, um ein temporäres Transferkonto zu eröffnen, das dann online abgeräumt wird. Interessant jedenfalls, dass es irgendeinen deutschen Partner in dem Geflecht geben musste, den man bei Gelegenheit vielleicht der echten Polizei zuspielen sollte. Für mich war an dieser Stelle erst mal etwas anderes entscheidend: Was macht *Karin Olga* damit?
Die war vielleicht ein bisschen beschwipst von den Liebeserklärungen, aber nicht so sehr, dass sie sich nicht über die Höhe der Versandkosten wundern würde: 13 000 Euro! Ob mit oder ohne Piratenzuschlag, das fand sie überteuert. Hinzu kam diese obskure Delivery Fee in Höhe von 2700. Einen solchen Betrag hätte K.O., die gut verdiente und wenig ausgab, problemlos locker machen können, aber würde sie, die Behördenmitarbeiterin, das unhinterfragt an *Top Link Couriers Services* blechen?
Ich fand, es passte besser zu ihr, sich an den Verbraucher-

schutz zu wenden. Die hypothetische Antwort-E-Mail dieses Vereins formulierte natürlich *ich*:

Von: <Verbraucherzentrale Hamburg>[13]
Betreff: Re: Top Link Courier Services
An: <K.O. Hatrupp-Schwartz>

Sehr geehrte Frau Hattrup-Schwartz,
Vielen Dank für Ihre Nachfrage. In der Tat handelt es sich bei dem Versand-Service TOP-LINK Kurierservice
https://toplinkcourierss.com/en/
um ein betrügerisches Unternehmen, das die angebotene Dienstleistung nicht ausführt.
TOP-LINK Kurierservice ist auf der Watchlist der Verbraucherzentrale als Scheinfirma, Warnstufe ROT registriert.
Nach unseren Informationen bietet das Unternehmen den hoch versicherten Transport wertvoller Frachten an.
Diese Waren werden jedoch nur entgegengenommen und niemals ausgeliefert.
Sollten Sie Ware an diese Firma übergeben haben, wäre rein theoretisch Interpol zuständig (www.interpol.int), jedoch wird Interpol erfahrungsgemäß erst ab Warenwerten in Höhe von 1 000 000 Euro tätig. Wir empfehlen dennoch, der örtlichen Polizeidienststelle Meldung zu machen.
Ich hoffe, Ihnen mit dieser Auskunft weitergeholfen zu haben.
Mit freundlichen Grüßen. Alfred E. Neumann.

---

13 Nicht von der echten Verbraucherzentrale, sondern von mir verfasst, um zu simulieren, dass Karin Olga in Kontakt mit denen ist. Der Inhalt stimmt auch nicht.

In meiner Fake-Verbraucherzentralen-Antwort erklärte ich Eddie nicht zum Lügner, sondern zum Opfer. Ohne jede Hysterie leitete Karin Olga die neu gewonnen Informationen an Eddie weiter.

K.O.:
Eddie, es gibt ein Problem. Schau in Deine Emails.
Karin Olga

Am selben Abend klingelte mein Zweittelefon, dessen Nummer aktuell nur Eddie verwendete. Warum ich das Gespräch mit Eddie hier nicht abdrucke? Weil es zermürbend langweilig war. *Fake Eddie*, englischsprechend, mit starkem Akzent, den ich irgendwo im südlichen Afrika zuordnen würde, speiste mich, Karin Olga, mit drei pseudoliebevollen Sätzen »Hey, my Love«, »I miss you« »I am glad to hear your voice« ab, dann redete er auf mich ein, ich solle die 2700 Euro rausrücken, wenn ich ihn liebte.

»Eddie! You have to be brave now. The company TOP-LINK is fake!«, wiederholte ich abermals. »Every single item you handed over to them is lost.«
[Eddie! Du musst jetzt stark sein: Die Firma TOP-LINK ist fake! Alle Wertsachen, die du denen ausgehändigt hast, sind verloren.]

Eddie konterte schlagfertig:

»No, Babe, Trust me! I have sent things with this company for many years.«
[Nein, Babe. Vertrau mir. Ich versende seit vielen Jahren Sachen mit dieser Firma.]

Der Stich ging an ihn. Karin Olga hielt neu dagegen:

»Look! They may have been trustworthy in the past, but not anymore. The Verbraucherschutzagentur is 100 % reliable.«
[Schau mal. Früher waren die vielleicht vertrauenswürdig, heute aber nicht mehr. Die Verbraucherschutzagentur ist 100 % zuverlässig.]

Dass Eddie nicht aufhörte »But«, »Trust me« und »Listen, Babe« zu sagen, ging mir und Karin Olga auf den Zeiger.

Karin Olga:
»Eddie, you are under shock. I have to end this now. We will talk tomorrow.«
[Eddie, du stehst unter Schock. Ich muss das jetzt beenden. Wir reden morgen.]

Ich versuchte, mich in Karin Olga hineinzufühlen, soweit das in dieser abwegig konstruierten Situation überhaupt möglich war. Sie war eine Frau, deren Herz aufgeht, wenn man ihr bedingungslose Liebe verspricht, und die darüber auch kurz den Sinn für die Realität verlieren konnte. Aber sie war auch eine moderne, gebildete Frau, die ihren Verstand grundsätzlich beieinander hatte. Außerdem war sie – das dichtete ich ihr neu an – bestimmerisch. Am nächsten Morgen wechselte sie den Tonfall:

K.O.:

Eddie, ich liebe Dich, Du bist hübsch
und sweet und ich fühle mich mit Dir
verbunden. Aber ich habe ein
Problem: Ich habe studiert und arbeite
für die deutsche Behörde. Es fällt dir
schwer zu verstehen, dass Du betrogen wurdest. Vielleicht ist es auch der
Schock, aber ich erwarte von Dir, dass
Du Ruhe bewahrst und mir vertraust.
Sobald ich merke, dass Du verstanden
hast, in welche Falle Du getappt bist,
werden wir unser Gespräch fortsetzen.

EDDIE:

Ich will dieses Gespräch nicht mehr.
Du hast mich zu sehr verletzt. Du fin-
dest vielleicht einen anderen Mann,
der besser zu Dir passt. 💔

K.O.:

Nein, Eddie. Ich suche einen Mann,
der mir folgt. Du bist der Richtige. Aber
Du musst mehr zu mir aufschauen.
Wenn ich etwas recherchiere, dann ist
das Ergebnis crystal clear.

EDDIE:

Gib zu, dass Du zu geizig bist, um mir
zu helfen.

K.O.:

Das Ergebnis meiner Recherche ist: Deine Wertsachen sind verloren. Es ergibt keinen Sinn, einer betrügerischen Firma etwas zu bezahlen. Du traust mir nicht. Ich bin diejenige, die verletzt ist.

EDDIE:

Ich habe verstanden. Du bist geizig. Wärst Du in dieser Situation, würde ich Dir helfen.

K.O.:

Warum verletzt Du mich? Du machst mich traurig.

EDDIE:

Du verletzt mich, weil Du mich erst meine Wertsachen an Dich schicken lässt. Dann machst Du nicht mehr mit, nur weil irgendwelche Leute Dir sagen, was Du tun sollst.

Unterdessen flog das Frachtschiff mit Überschallgeschwindigkeit zurück Richtung Yokohama.

EDDIE:

Wir kommen heute Nacht in Japan an.

K.O.:
Ich warte auf eine Entschuldigung.

EDDIE:
Was für eine Entschuldigung erwartest
Du?

K.O.:
Du musst sagen, dass es Dir leidtut.
Dann helfe ich Dir mit Rat und wenn
nötig Geld. Ich nehme an, Du hast
keine Kreditkarte mehr, die funktioniert?

EDDIE:
Meine Kreditkarte ist gesperrt. Und
meine Bank konnte wegen der Situation im Meer nichts machen.

Ich schwieg beleidigt. Eddie landete in Japan, die Entschuldigung kam.

EDDIE:
Honig, entschuldige vielmals. Bitte ver-
gib mir. Das ist alles nur geschehen,
weil ich so traurig war.

Karin Olga bot versöhnlich an, ihm einen Flug nach Hamburg zu buchen. Dafür bräuchte sie allerdings seinen Ausweis. Ich war gespannt.

Liebe Karin, meinen deutschen Ausweis habe ich noch nicht erhalten. Hier ist mein amerikanischer Ausweis.

K.O.:
Du bist Amerikaner?

EDDIE:
Ich halte die doppelte Staatsbürgerschaft. Mein Dad war Deutscher, meine Mum Amerikanerin.

K.O.:
Moment! Warte mal. Ich habe eine Idee. Wir sind bald am Ziel. Ich melde mich gleich noch mal.

EDDIE:
Ok.

K.O.:
Hallo.

EDDIE:
?

K.O.:
Ich bin wieder da. Ich habe sehr gute
Nachrichten! Ich habe eben mit dem
amerikanischen Konsulat telefoniert
und ihnen gesagt, dass Du in Japan
feststeckst. Sie übernehmen die Verantwortung für Dich und fliegen Dich
nach Deutschland.
Nachdem sie Deine Identität geprüft
haben, wirst Du für morgen 11:45 auf
den Flug LH717 von Tokyo über Frankfurt nach Hamburg gebucht.
Ich habe der Frau von der Botschaft
eine Kopie deines Passes geschickt.
Sie ruft dich am Nachmittag an. Stelle
sicher, dass Dein Telefon angeschaltet
ist.
Ich freue mich so, Eddie. Morgen
Nacht schon werden wir uns sehen.

Dass das Eddie nicht gefallen würde, war klar.

EDDIE:
Ich bin ein Seemann. So buchen wir
nicht unsere Tickets. Dafür ist meine
Firma zuständig.
Frag zuerst, bevor Du so etwas
machst.

Zu spät. Karin Olga schob Eddies Abwehrverhalten wieder
auf den Schock.

K.O.:
Alles wird gut. Die Prüfung der Doku-
mente erfolgt bereits. Das Konsulat
wird Dich durch diese schwierige
Situation durchnavigieren. Ich muss
jetzt wieder an meinen Schreibtisch.
Ich bin so froh, dass ich Dir helfen
konnte und dass wir uns bald in die
Arme nehmen werden. Ich schicke
Dir meine Liebe. Nachher rufe ich
Dich an.

EDDIE:
Das klappt nicht. Wenn Du mir helfen
willst, dann bitte vernünftig.

Karin Olga gehört zu den Menschen, die zur Sachlich-
keit außergewöhnlich begabt sind. Genau darum hörte sie
nicht auf Eddie, sondern auf die Verbraucherschutzzen-
trale und auf das amerikanische Konsulat, das sich – so
hielt ich es für plausibel – kurz nach der Zusendung der

Passkopie bei ihr meldete. Ich erfand eine Mrs. Snyder, die Karin Olga nach Feierabend einbestellte. Kaum war Karin im Konsulat eingetroffen, befahl Mrs. Snyder ihr, Eddie anzurufen. Der ging sofort dran.

Eddie: Yes, my Dear!

Mrs. Snyder riss Karin Olga das Telefon aus der Hand.

Ich als Mrs. Snyder: Hello, this is Mrs. Snyder from the American Consulate in Hamburg. Am I talking to Mr. Eddie Ronald Schmidt?

> [Hallo, hier ist Frau Snyder vom amerikanischen Konsulat in Hamburg. Spreche ich mit Herrn Eddie Ronald Schmidt?]

Eddie: Yes.

In einem amerikanisch anmutenden Wortschwall warf Mrs. Snyder Eddie vor, einen gefälschten amerikanischen Pass in Umlauf gebracht zu haben.

Eddie: Huh –? –!?

> [Hä –? –?]

Mrs. Snyder: The FBI has been informed about the case and will instantly take action.

> [Die zentrale Sicherheitsbehörde wurde informiert und wird unverzüglich tätig.]

Er habe das Recht, sich zu diesem Tatvorwurf zu äußern. Daran zeigte Eddie kein Interesse, sondern legte auf. Damit ist der Fall aber *nicht* zu Ende. Es gab noch einen

Wortwechsel per WhatsApp, der meiner Ansicht nach mehr als tausend Worte über diese Art von Kriminalität verriet.

> **K.O.:**
> Eddie. Es tut mir so leid. Ich habe versucht zu helfen, aber Frau Snyder vom amerikanischen Konsulat hat Deinen Pass gesehen und gesagt, es sei eine Fälschung. Sie bat mich, diesen Anruf zu arrangieren.
> Jetzt hat sie die Polizei 👮 informiert. Sie sagte: Gemäß Titel 18, Abschnitt 1543 des US-Bundesstaatsgesetzes, handele es sich um eine Straftat.
> Ich musste ihr den Namen des Transportunternehmens und Dein Tinder-Profil und Deine What'sApp-Nummer nennen. Sie hat mir geraten, unsere Beziehung zu beenden, und das muss ich jetzt tun, auch wenn mein Herz mir etwas anderes sagt. Ich liebe Dich, Eddie. Lebewohl! 🐚 Karin Olga

Daraufhin Eddies letzte Worte:

> **EDDIE:**
> Okay. No problem.

No problem = Kein Problem = Null Problemo = folgende Erkenntnis:

Fake Eddie Ronald Schmidt, Tinder-Scammer und Angehöriger eines internationalen Cybercrimenetzwerks, bleibt gelassen, wenn man ihn mit der Polizei konfrontiert. Das amerikanische Konsulat will ihm das FBI auf den Hals hetzen? So what. Denn er weiß ganz genau:

Die deutsche Kripo ist unterbesetzt, Europol in Afrika nicht zuständig; die völkerrechtlichen Verträge zur Verfolgung von Internetkriminalität unausgereift, Interpol desinteressiert und lahm. Diese Menschen da, irgendwo im außereuropäischen Ausland, sei es Russland, Nordkorea, Westafrika, Nordamerika oder Indien. Keiner wird sie jemals kriegen. Und ihn, als kleines Glied einer langen Kette schon gar nicht. Das weiß Fake-Eddie. No problem.

Des Profi-Scammers Resilienz ...

Scammer sind mit Teflon überzogen
Die Androhung rechtlicher Konsequenzen perlt an ihnen ab. Sie wissen, dass sie niemals geschnappt werden.

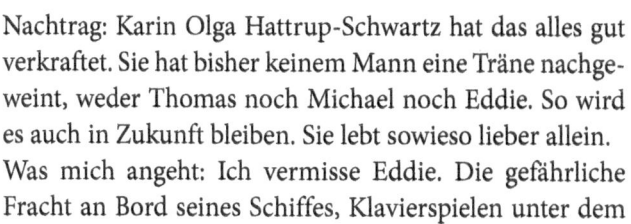

Nachtrag: Karin Olga Hattrup-Schwartz hat das alles gut verkraftet. Sie hat bisher keinem Mann eine Träne nachgeweint, weder Thomas noch Michael noch Eddie. So wird es auch in Zukunft bleiben. Sie lebt sowieso lieber allein. Was mich angeht: Ich vermisse Eddie. Die gefährliche Fracht an Bord seines Schiffes, Klavierspielen unter dem

Sternenhimmel auf hoher See, Ankunft in Malaysia, Gold und Juwelen gut verpackt auf der Reise nach Hamburg. Seine Geschichten haben mich in eine andere Welt entführt. Seine Liebesschwüre haben mein Herz erwärmt, auch wenn ich wusste, dass sie gelogen waren. Wer außer Eddie liebt mich so vorbehaltlos, mit all meinen Spleens und glüht vor Eifersucht, wenn ich mich einen Tag nicht melde? Wer verspricht mir ohne Gegenleistung ein Leben in Reichtum und Sorglosigkeit? Niemand.

Ich verstehe jeden und jede, der oder die auf so einen Spinner hereinfällt.

GEFÄHRLICHE KLEINANZEIGEN-DEALS

Überfall beim Entrümpeln!

Typisch Mutter war das und ich leider die Mutter:

Meine Tochter ist zum Studium in die Ferne gezogen. Ich fuhr hin, wirbelte durch das heruntergekommene Studentinnenhaus, schrubbte die Küche, hängte ein schönes Landschaftsbild auf und verputzte Dübellöcher im Gemeinschaftsraum. Ich versetzte die Handtuchhaken im Bad und überredete meine unentschlossene Tochter bei einem gemeinsamen Flohmarktbesuch zum Kauf einer monströsen gedrechselten Stehlampe mit integriertem Cocktailtisch für nur 30 Euro, die wir mit der Regionalbahn unter mitleidigen Blicken der Mitreisenden zu R.s neuem studentischem Zuhause transportierten.

Kaum die Treppe hochgeschleppt und in der Mitte des Zimmers aufgestellt, war uns beiden klar, dass die hölzerne Lampe mit den rosa und hellgelben Troddeln am Schirm ein Fehlkauf war. Ein Rasenmäher-Mutter-Fehlkauf! Immerhin nahm ich, die Mutter, also die Täterin, alle Schuld auf mich und stellte die Lampe noch am gleichen Abend bei Facebook-Marketplace ein. Für 50 Euro. »Wenn schon, denn schon. Das kriegst dann du und kaufst dir eine andere Lampe!«

Bereits nach wenigen Minuten trudelten zwei interessierte

Anfragen ein. Die erste kam von einem Herrn *Neagu* (das ist wohl ein rumänischer Nachname).

NEAGU:
Guten Tag. Ich möchte den Artikel
kaufen.
Ich zahle 30 Euro extra, wenn Sie ihn
für mich reservieren.

Die zweite kam von einer lustig dreinschauenden älteren, wahrscheinlich ungarischen Dame namens *Erzsike*.

ERZSIKE:
Ist dieser Artikel noch verfügbar? Was
ist der Preis?

»Siehste! So schlecht ist die Lampe doch nicht«, sagte ich zu meiner Tochter, »nur *hier* passt sie eben nicht so gut«, während sie mit ihrer heißen feuchten Teetasse einen ersten bleibenden Abdruck auf dem eingebauten Holztischchen hinterließ.
Oma Erzsike wollte das Monstrum nicht nur haben, sondern hatte sogar damit gerechnet, dass es vielleicht schon verkauft ist. Ich teilte ihr mit, dass sie theoretisch noch im Rennen ist.

CARO:
Ja. Die Lampe ist noch da. Sie kostet
50 Euro.

Herr Neagu hatte allerdings 30 Euro Liebhaberbonus auf den Tisch geknallt und somit 80 Euro geboten. Mir war dieses Vordrängeln nicht gerade sympathisch, aber hier ging's ums Geld. Ich sagte ihm parallel auch zu.

> CARO:
> Okay. Ich reserviere sie. Aber nur bis heute 24:00

> NEAGO:
> Einverstanden. Allerdings habe ich keine Zeit für eine persönliche Abholung, da ich sehr mit meiner Arbeit beschäftigt bin. Ich werde Sie per FEDEX EXPRESS bezahlen, das ist ein Transport-, Liefer- und Transferunternehmen, d. h. sie werden Ihnen das Geld Hand in Hand an Ihrer Hausadresse geben, dann den Artikel abholen und an meine Lieferadresse abholen …

»Den Artikel«? »Geld Hand in Hand«? »FEDEX EXPRESS«? Ich hatte ein ungutes Gefühl. Hatte dieser Neagu mich zum Opfer eines Betrugsversuchs auserkoren? Ausgerechnet mich?!

> NEAGO:
> FEDEX wird den Artikel abholen. FEDEX wird den Transport übernehmen und den Preis Ihnen Hand in Hand bezahlen. Lediglich die Versi-

cherung muss von Ihnen bezahlt, da
diese bei einem anderen Unterneh-
men gebucht wird. Das Geld für die
Versicherung wird von FEDEX bei der
Abholung Hand in Hand an Ihrer
Hausadresse erstattet.

Ich sollte per Vorkasse die Versicherung der Lampe bezahlen. Dafür würden die Transporteure bei der Abholung
Cash mitbringen, die Versicherung erstatten + den Kaufpreis zahlen + 30-Euro-Bonus. Alles klar. Neagu war kein
Kunde, sondern Blutsauger. Mit einem kleinen Test wollte
ich mir Gewissheit verschaffen, dass es Neagu nur darum
ging, mit dem Vorschuss abzutauchen.

CARO:
Ich habe noch eine Frage: Wollen Sie
den Plüserumm mit Ziserubo oder
ohne?

NEAGU:
Okay. FEDEX wird den Transport
übernehmen und den Preis Ihnen
Hand in Hand bezahlen. Lediglich die
Versicherung muss von Ihnen bezahlt,
da diese bei einem anderen Unterneh-
men gebucht wird. Das Geld für die
Versicherung wird von FEDEX bei der
Abholung Hand in Hand an Ihrer
Hausadresse erstattet.

Wenn Neagu sich nicht für die Bezeichnung des »Artikels« interessierte, den er kaufte, dann wahrscheinlich auch nicht für dessen Form oder das Gewicht oder den Preis.

CARO:
Ich müsste aber darauf hinweisen, dass die Lampe sehr groß ist: Ca. 5 Meter hoch und etwa 3 Meter breit. Die FEDEX Männer sollten zu mehreren kommen oder einen Gabelstapler mitbringen. Außerdem kosten Plöserumm und Ziseribu zusammen 180 Euro.

NEAGU:
Kein Problem. FEDEX EXPRESS wird sich bei Ihnen melden. Bitte stellen Sie für uns bereit: Name, Vorname / Adresse / E-Mail-Adresse

Der war überführt. Wie weiter …?

Zwischendrin: Tipps und Tricks

! GEFÄHRLICHE KLEINANZEIGEN-DEALS

☐ **Falsche Käufer kaufen jeden Kwatsch**

◇ **Ein Kaufpreis ist keine Geisel!**

Hatten wir schon: Zahlen Sie niemals Lösegeld für eine Auszahlung! Nie und nirgends.

◇ **Dein »Artikel« könnte auch Plüserumm heißen**

Die/der falsche Kaufinteressent:in nennt die Ware gerne »der Artikel«, denn es ist ihm egal, was Sie feilzubieten haben. Sie/Er will einfach nur Ihr Blut trinken.

◇ **Falsche Kaufinteressent:innen lassen Scherze an sich abprallen**

Wenn Sie blödsinnige Angaben zum Artikel machen, wird das ignoriert. Probieren Sie es! Der falsche Käufer setzt den Geschäftsversuch einfach fort.

Weil ich in diesem Fall ursprünglich gar nicht ermitteln wollte, sondern nur die blöde Stehlampe verkaufen, wendete ich mich erst mal der *echten* Interessentin zu, der netten Erzsike.

CARO:
Wenn Sie möchten, können Sie gerne bei uns vorbeikommen und die Lampe anschauen. Wie wäre es mit heute Abend?

Erzsikes Antwort war wortgenau die folgende:

ERZSIKE:
Okay. FEDEX wird den Transport übernehmen und den Preis Ihnen Hand in Hand bezahlen. Lediglich die Versicherung muss von Ihnen bezahlt, da diese bei einem anderen Unternehmen gebucht wird. Das Geld für die Versicherung wird von FEDEX bei der Abholung Hand in Hand an Ihrer Hausadresse erstattet.

Der Text war identisch mit dem von Neagu. Zwei Dumme, ein Gedanke: Caros Blut saugen. Kein einziger echter Kunde hatte sich für die hässliche Holzlampe mit integriertem Cocktailtisch interessiert. Stattdessen zwei Scheininteressentinnen, die sich wortgleich mit demselben Trick an mich herangespielt hatten. Kennen die sich? Kommen die aus der gleichen Betrugsfabrik? Oder kann man die Masche (Storyline und Texte) als Template irgendwo kaufen? Vielleicht gibt es ja auch Apps, die das von alleine erledigen? Betrugsversuche als Massenware. Ja, wirklich, Betrugsdienstleistungen sind ein eigener Wirtschaftszweig.

Um zu erfahren, wie die Betrügenden sich die Geldübergabe vorstellten, teilte ich Herrn Neagu mit vorgetäuschter Arglosigkeit eine meiner Ermittlungs-E-Mail-Adressen mit und erhielt daraufhin folgendes Anschreiben per E-Mail.

Von: servicefedexaussern@gmail.com
An: <Caro Labouche>

Lieber Kunde,

wir möchten Sie darüber informieren, dass wir in einer unserer Filialen eine Postanweisung in Höhe von 280.00 € auf Ihren Namen registriert haben und nun die Zahlung der Versicherungskosten der Sendung erwarten.

Gehen Sie zu einer Tankstelle, um eine Paysafecard 100 € Aufladung zu kaufen, damit wir den Code abrufen können.

Paysafecard? Kannte ich bis dahin nicht. Es funktioniert so: Man kauft im Supermarkt oder an der Tankstelle einen Paysafecode in beliebiger Höhe bis maximal 100 Euro. Diesen schickt man an eine andere Person, zum Beispiel einen Kriminellen. Der Kriminelle kann sich den Betrag auf seinem Paysafekonto gutschreiben lassen oder ihn direkt im Internet ausgeben. Der Vorteil gegenüber Paypal und Kreditkarte: Wer den Code besorgt, bleibt komplett anonym. Wer ihn verwendet, auch. So wie das bei Bargeld ja eigentlich auch ist. Es bleiben keine Spuren, wer es wem übertragen und wer es wofür ausgegeben hat. Der Vorteil gegenüber Bargeld liegt auf der Hand: Man kann den Pay-safecode per E-Mail oder WhatsApp verschicken. Eine relevante Einschränkung mag sein, dass ein Paysafecode aus dem Supermarkt maximal 100 Euro Gegenwert hat, aber gut, man kann ja auch mehrere holen. Paysafe ist ein neues Pflänzlein der Pop-up-Banking-Branche.[14] Es inspiriert Kriminelle in aller Welt zu neuen Betrugsideen.

⚠ **pay-safe
ist total un-sicher**

Paysafe ist eine Geldtransfer-Option, bei der das Geld nach Einlösen des Paysafecodes spurlos verschwindet.

Von Neagu habe ich mich ohne Aufsehen verabschiedet.

CARO:
Das ist alles kompletter Blödsinn. Aus dem Geschäft wird nichts. Tschüss.

Bei Trittbrettfahrerin Erzsike konnte ich mir die Retour-kutsche nicht verkneifen. Hier stand noch die Angabe der

---

14 Es gibt inzwischen unzählige solcher Services: Cashlib, Transcash und wie die alle heißen …

Kontaktdaten aus, welche ich ihr gerne zukommen lassen wollte. Nur eben nicht *meine* Ermittlungsadresse, sondern die E-Mail-Adresse einer anderen Ermittlungsinstitution.

> CARO:
>
> Liebe Erzsike. Hier sind meine Daten: J. Lepassaar, Agamemnonos 14, Chalandri 15231, Attiki. Email: info@enisa.europa.eu

An diese E-Mail-Adresse sollte sie mal schön die ganzen Infos zur Abwicklung des Lampenkaufs schicken. Ich dachte: Wenn einer mit drei Klicks rauskriegt, wer sich hinter dem Decknamen »Oma Erzsike« verbirgt, dann ist das der schöne Juhan Lepassaar, Leiter der europäischen Cybersicherheits-Behörde.

ENISA Athens office

The official address of the European Union Agency for Cybersecurity is:
Ethnikis Antistaseos 72 & Agamemnonos 14, Chalandri 15231, Attiki, Greece

Tipps und Tricks

**! KLEINE GESCHÄFTE
IM NETZ**

☐ **An- und Verkauf,
Lücken und Tücken**

Wenn Sie etwas *verkaufen* ...

◇ **Niemals für Abholung, Versicherung oder
sonstige Nebenkosten in Vorleistung gehen**

Will der Käufer erst mal Geld von Ihnen?
Quatsch! Egal, was Sie wem wie privat verkau-
fen: Erst bekommen Sie Ihr Geld, dann rücken
Sie das Zeug raus.

◇ **Zahlungseingang genau prüfen**

Beliebter Trick: Sie erhalten eine selbst colla-
gierte Fake-Zahlungsbestätigung. Meistens
erkennt man es an der Absenderadresse
(paypal09@freenet.com ...), aber das BKA
behauptet, gute Trickser:innen können E-Mail-
Adressen vortäuschen. Loggen Sie sich über
den Browser bei Paypal und Co. ein, und stellen
Sie sicher, dass wirklich ein Zahlungseingang
erfolgte.

Wenn Sie etwas *kaufen* …

◇ **Schulen Sie die Intuition!**

Man muss nicht jedem Menschen da draußen misstrauen. Ein wenig Aufmerksamkeit und eine gesunde Intuition bieten guten Schutz.
Pluspunkte gibt es für Profile, die schon lange bestehen; positive Bewertungen; authentische Fotos und Texte; Bereitschaft zu einem persönlichen Gespräch (z. B. Telefonat).
Warnsignale: Ware übertrieben billig; Fotos zu professionell; Bezahlung soll über Paysafe abgewickelt werden (never!); Account des Verkäufers gestern erst eröffnet.

◇ **Verkäufer:innen herausfordern!**

Lassen Sie sich ein weiteres Foto schicken, und verwickeln Sie ihn/sie in höflichen Smalltalk über die Ware. Wie reagiert er/sie? Kann er/sie Auskunft zu Details geben?

Wenn schon misstrauisch, dann nach allen Seiten!

Die Verkaufsportale selbst sind auch nicht reinen Herzens: Sie verdienen ein Schweinegeld mit den Sicher-Bezahlen-Optionen, denn sie kassieren den Kaufpreis und zahlen ihn erst dann aus, wenn die Ware ankam. Das Geld, sagen wir 100 Euro, liegt für eine Woche unverzinst bei denen. Wickeln täglich 10 000 Leute ihre Zahlungen auf dieser Weise ab, liegen auf dem Sicher-Bezahlen-Konto permanent 7 x 10 000 x 100 = 7 Millionen Euro, die das Portal irgendwo anlegen kann. Anders ausgedrückt: Die Plattform leiht sich über die Sicher-Bezahlen-Option zinslos Ihr Geld.

FINANZGESCHÄFTE MIT PLEITEGARANTIE

Böser Wolf am Telefon

Der Fall »Wolf« ist ein spektakulärer Fall, den ich den Leser:innen dieses Buches nicht vorenthalten will. Aber der Fall ist lang und kompliziert. Ich habe ihn gemeinsam mit meiner Kollegin Marion Pfaus für eine ARD-Radioserie kleinteilig in insgesamt sieben halbstündigen Episoden mit vielen Originaltönen nacherzählt. Eine vollständige Wiederholung des Geschehens ist auf den paar Buchseiten, die hier zur Verfügung stehen, nicht machbar. Was ich hier aber exklusiv versuchen werde: Anhand einer eingedampften Version rekapitulieren, wie ich als Ermittlerin daran wuchs. Ich habe mein Repertoire an investigativen Methoden im Verlauf dieser experimentellen Ermittlung so zielführend erweitert, dass ich am Ende einen echten Täter schnappen konnte. Spoiler: Da hörte der Spaß auf.

Ganz am Anfang musste ich natürlich erst erkennen, dass es sich bei einer Hand voll scheinbar harmloser Callcenter-Mitarbeiter um gefährliche Angreifer handelte. Da hole ich doch noch mal etwas weiter aus:

Es war morgens. Während ich im Bad meine frisch gewaschenen Haare in gemütlichen Frottee einpackte, hörte ich aus der Ferne ein dumpfes Klingeln. Ich watschelte ins Wohnzimmer, vergnügt einen Flatschen Gesichtscreme am Verreiben. »Na, wer ruft mich so früh zwischen Föhn und Fettcreme an?« – »Dein Telefon liegt irgendwo hinterm Sofa«, rief Kaspar heiser aus der Küche. Er war lange vor mir aufgestanden, saß mit seinem Laptop am Frühstückstisch und versuchte, seinen lukrativen, aber mühseligen Großauftrag zu realisieren, eine interaktive Webseite mit Bildern und Filmen. Am Tag zuvor war alles schiefgegangen: Die Bilder luden nicht; der Film ruckelte; beim Anklicken der Aktionsfelder drehte nur der bunte Geduldsball.

Ich warf mich bäuchlings auf den Teppich, ertastete mein Handy und zog es zusammen mit einer staubigen Glitzersocke hervor. Auf dem Display leuchtete mir eine unbekannte deutsche Nummer entgegen.

Ich: Ja, hallo?
Mann: Liebe Dame, meine Name ist Nicholas Melon.
Ich: Aha.

Während Herr Melon wirres Zeug über Online-Finanzgeschäfte redete, richtete ich mich langsam auf und schüttelte die Socke staubfrei. Sie roch sogar gewaschen.

Nicholas Melon: Ich werde Sie erklären, wie Sie Geld verdienen mit Online-Trading-Markt. Und natürlich, wie können Sie Online-Trading richtig machen. Okay?

Zweifelsohne wollte er mir etwas andrehen, das für ihn gut ist, aber nicht für mich. Kennt man ja.

Ich: Ich glaube, mein Toast brennt an. Ich hab auch gar kein Geld.

Nikolas Melon: Aber ...

(Und so weiter, ich wimmelte ihn ab.)

Am selben Tag wurde ich noch mal von einer unbekannten Nummer angerufen: 0044 ... – England!

Frau: Guten Tag, Frau Caroline. Mein Name ist Anna Wolfgang von der Firma Dowmarket.

Der Name very german für eine Engländerin, der Akzent, würde ich sagen, spanisch, italienisch oder portugiesisch.

Ich: Kenn ich nicht.

Anna Wolfgang: Ich rufe Sie an, weil Sie Interesse am Finanzmarkt gezeigt haben.

Ich: Bitte?!

Ich hatte dieser Tage des Öfteren darüber nachgedacht, wie Kaspar und ich reich werden könnten, ohne zu arbeiten, aber gezeigt hatte ich dieses Interesse niemandem. Frau Wolfgang konnte es also nicht wissen.

Anna Wolfgang: Um was interessieren Sie am meisten? Kryptowährungen? Aktien? Bitcoin?

Ich (log): Ich habe gar kein Interesse am Finanzmarkt.

Anna Wolfgang schlug mir trotzdem eine Anmeldung bei ihrer Trading-Plattform vor und wollte mir ein kostenloses Training schenken, in dem ich lerne, wie man auf dieser Plattform gewinnbringend zockt. Ich hingegen versuchte, sie mit un-wokem Smalltalk abzuschrecken.

Ich: Ich hab ja keinen Computer. Aber hören Sie mal: Sie klingen gar nicht wie eine Engländerin.
Anna Wolfgang: Ich komme aus Spanien, aber ich lebe in England.
Ich: Ach so. Olé, olé!
Anna Wolfgang: Haha. Wie viele Wörter auf Spanisch wissen Sie?
Ich: »Sombrero«, »Hasta la vista« und »La Paloma, olé«.

Anna blieb bei der Überzeugung, dass wir füreinander geschaffen sind. Ich sollte mir Zugang zu irgendeinem digitalen Endgerät verschaffen – das des Ehemanns vielleicht? Des Kindes? Des Nachbarn …? Dann würde es losgehen. Kostenloser Sprachunterricht on top!

Anna Wolfgang: Und Sie können auch eine andere Wort lernen: »Hasta luego«. Das bedeutet: »Auf Wiedersehen«.

Ein paar Tage später rief ihre Stimme noch mal an, sie hieß aber Anne Weiss und ihre Firma nicht mehr Dowmarket, sondern Dimedia. Ich wimmelte Frau Anne-Anna Weiss-Wolfgang ab, aber das Telefon klingelte weiter: Nico Radosz, Daniel Fischer oder Herr Frey aus angeblich Luxemburg, Lüneburg, Paderborn … – vermutlich Spoofing-Nummern, also vorgeschaltete falsche Display-Nummern.

WIKIPEDIA: Spoofing (englisch für Manipulation, Verschleierung oder Vortäuschung) nennt man in der Informationstechnik verschiedene Täuschungsmethoden in Computernetzwerken zur Verschleierung der eigenen Identität [...] Die neueren Aktivitäten mit illegalem Hintergrund umfassen vor allem Spoofing per Telefon, genannt Call ID Spoofing [...][15]

Ein Merkmal von Spoofing-Nummern ist wohl nach dem heutigen Stand der Technik, dass man sie nicht zurückrufen kann.

Ich: Vielleicht rufen Sie einfach noch mal an, wenn mein Mann da ist.
Nikolas Melon: Haben Sie keine Zeit momentan?
Ich: Nein. Können wir Sie zurückrufen?
Nikolas Melon (überengagiert): Nein, nein, nein!!! …. Ich nur angerufen. Nein, nein, nein!!!

Am meisten störte mich, glaube ich, dass diese Anrufer meinen Vor- und Zunamen kannten. Ein Blick ins Netz gab Anlass zu der Vermutung, dass ich Opfer eines Datenlecks geworden war:

Süddeutsche Zeitung, 2020: Datenleck bei Foodora – »Der Lieferdienst [...] wurde [...] Opfer einer Hacking-Attacke. Unter den Betroffenen seien auch 200 000 Deutsche.«[16]

---

15 Wikipedia, April 2024, https://de.wikipedia.org/wiki/Spoofing
16 Marisa Gierlinger, *SZ*, 2.7.2020: »Daten von 200 000 deutschen Foodora-Nutzern geleakt«

www.sicher-im-netz.de, 2021: Laut aktuellen Pressebe-
richten haben Kriminelle im Netz Daten aus über 14 Millionen Konten von eBay und Amazon zum Kauf angeboten.[17]

Ich hatte in den letzten Jahren mein Karma verschlech-
tert, indem ich die Dienste rücksichtsloser Großkonzerne
in Anspruch genommen hatte. Jetzt hatte ich wegen denen
auch noch diese Telefon-Punks an der Backe.

---

17 www.sicher-im-netz.de/datenleck-bei-amazon-und-ebay-14-milli-
onen-konten-zum-verkauf-angeboten (April 2024)

Zwischendrin: Tipps und Tricks

⚠️ FINANZGESCHÄFTE MIT PLEITEGARANTIE

☐ **Wolf ruft an?**

◇ **Am besten bohren und nerven!**

Betrügende suchen nach Menschen, die ihnen blind vertrauen. Deswegen sind sie für Labertaschen zu haben.

Überspannen Sie den Bogen, und scheuen Sie keine Peinlichkeit! Macht der/die Callcenter-Agent:in geduldig mit? Dann ist Vorsicht angezeigt.

◇ **Spoofer-Schnelltest: Rückruf ...**

... geht bei Spoofing-Nummern nicht.

◇ **Bevor Sie zurückrufen: Schau genau!**

Konkurrenztrick *Ping-Anrufe* mit Bezahlnummern: Wer sie zurückruft, blecht.

Laut Verbraucherzentrale erkennt man kostenpflichtige Nummern an der Vorwahl 0700, 0800, 0900, 0137, 018, 019, 118, 119. Aber es kommen immer neue dazu, und mit welchen Ziffern die Bezahlnummern in anderen Ländern beginnen ... – wer weiß?

Daten schützen und vorschützen

◇ **Geben Sie falsche Daten an.**

»Hiermit versichere ich, dass die angegebenen Daten richtig sind ... bla, bla...«?
Wenn Sie ein Formular fürs Finanzamt oder die Polizei ausfüllen, bleiben Sie bei der Wahrheit. Wenn Sie sich bei einem privaten Großkonzern registrieren, sind tote Telefonnummern und falsche Vornamen zu bevorzugen. Weil: Die verkaufen und verlieren die Daten ja nur.

◇ **Aus reinem Eigennutz: Support your local (analog) Dealer!**

Nicht nur für Ökos: Der kleine Kaufladen, der lokale Buchhändler, die Pizzeria um die Ecke erheben keine Daten, verkaufen also auch keine Daten und verlieren keine Daten.

Das Klingeln ebbte nicht ab. Dabei hätte ich mich eigentlich auf das Finish meiner Radioproduktion konzentrieren sollen. Marion Pfaus, meine Regisseurin, der ich brühwarm von dem Telefonterror erzählt hatte, brachte aus Spaß zur nächsten Besprechung einen uralten Stimmverzerrer mit. Statt an unserem »Fall 2 – der kalte Onkel«[18] weiterzuarbeiten, bestellten wir bei einem Datenleck-Lieferservice leckere Dumplings und experimentierten mit einer komplizierten Mobiltelefon-Stimmverzerrer-Verkabelung herum.

Klingeling. 0043… – Österreich! Marion zog den Regler des Stimmverzerrers auf tiefen Bass.

Ich als behäbiger älterer Herr: Hallo!? Hier spricht … *Erich Mittel.*
Betrüger: Ja, hallo! Schönen guten Tag! Anton Wolf am Apparat. Ich möchte mit *Caroline Labusch* sprechen, momentan.

Jedes Mal, wenn so ein unseriöser fremder Anrufer meinen Klarnamen in seinen betrügerischen Mund nahm, wurde mir mulmig.

Ich als Erich Mittel: Meinen Sie meine Haushälterin, die *Frau Balusch?*
Betrüger als Anton Wolf: Ja. Caroline Labusch heißt sie.

---

18 Offensives Product Placement: ein untypischer, aber wie immer anspruchsvoller, unterhaltsamer und spannender CARO-Fall in epischer Breite, www.ardaudiothek.de/episode/caro-ermittelt/der-kalte-onkel-1-12-abgebrannt/rbb/94241324/

Erich Mittel: Also, meine Haushälterin heißt: *Carola Balusch*. Balusch! Carola Balusch.

Anton Wolf: Ja, das meine ich eigentlich auch.

Ich belehrte Anton Wolf mit Erichs blechern-männlicher Stimme, dass meine Haushälterin, Frau Balusch, derzeit nur über dieses Handy, also mein (Erichs) Telefon, erreichbar sei, weil sie kein eigenes Handy habe. Sie sei eigentlich mit der Bügelwäsche beschäftigt, aber ich würde sie holen. Ich trat zwei Schritte zur Seite, rief nach Frau Balusch, klapperte mit der Tür und ging ohne Stimmverzerrer wieder dran.

Ich als Frau Balusch *(mit leicht norddeutschem »Einschlach«)*: Ja, hallo, hier Balusch.

Anton Wolf: Ja hallo, schönen Tag, Frau Balusch.

Frau Balusch: Guten Tach!

Anton Wolf: Anton Wolf ist am Apparat.

Frau Balusch: Sie wissen, dass Sie das Telefon von meinem Arbeitgeber angerufen haben …

Anton Wolf: Ja, das weiß ich schon. Weil: Sie haben keine eigene Handy, keine eigene Nummer. Und genau deswegen habe ich eigentlich bei diese Nummer angerufen.

Frau Balusch: Ist in Ordnung.

Anton Wolf: Haben Sie keine persönliche Handy?

Frau Balusch: Im Moment nicht. Aber das ist ja gar kein Problem. Die Leute, bei denen ich bin, die nehmen ihr Handy meist gar nicht mit. Ich bin hier nämlich relativ oft, weil ich hier im Haushalt aushelfe. Ich bin hier die Haushaltshilfe.

Erste Mission erledigt: Ich hatte den Impuls gegeben, den Namen im geklauten Datensatz anzupassen. Als Nächstes: Was will der von mir? Finanzgeschäfte machen? Haha.

> **Anton Wolf:** Ja, also eigentlich ich verstehe Sie. Das ist eigentlich eine Arbeit. Also jeder Mensch hat seine Arbeit, seine Idee für sein Leben, was der macht. Ja?
> **Frau Balusch:** Ähem …, ja.

Der liebenswürdige Anton Wolf hatte einen starken nicht-deutschen Akzent. Der Name, den er sich für die betrügerische Kaltakquise ausgesucht hatte, sprach auch dafür, dass er in einem Kulturraum mit anderen Fabeln als den hiesigen aufgewachsen war.

> **Anton Wolf:** Aber eigentlich es geht über den Börsenhandel. Das ist eine Methode, mit denen die Menschen investieren kann, um darüber Geld zu verdienen.

Im Hintergrund hörte man deutlich die Stimmen anderer Menschen, die ebenfalls telefonierten. Merkwürdigerweise lief auch Musik.

> **Frau Balusch:** Sagen Sie, was ist denn da im Hintergrund?
> **Anton Wolf:** Ich weiß nicht.
> **Frau Balusch:** Im Hintergrund scheint ein Radio zu laufen. Hören Sie das gar nicht? Das läuft ja bei Ihnen, eigentlich.
> **Anton Wolf:** Ja, eigentlich, äh, von unserem Kollegen, verstehen Sie mir? Weil der hat eigentlich auch Geburtstag und der macht ein bisschen Spaß.

Frau Balusch: Und Ihr Kollege feiert dann im Betrieb seinen Geburtstag?
Anton Wolf: Ja, hat Geburtstag.

Anton Wolf log genauso schlecht wie ich.

Frau Balusch: Und den feiert er bei Ihnen in der Bank?
Anton Wolf: Auf jeden Fall. Aber jetzt geht es um den Börsenhandel.

Er unterbreitete mir ein Angebot, das dem von Anna Wolfgang alias Anne Weiss sehr nahe kam: Ich sollte mich bei einer Tradingplattform (DGX Limited) anmelden, eine kleine Summe in Höhe von 250 Euro einzahlen, seine Bank namens DGX würde 15 % Bonus drauflegen und ein gratis Coaching spendieren, mit dem ich lerne, wie ich das Startgeld rapp zapp vermehren kann.

Anton Wolf: Sie machen Profit mit Online-Trading, weil Sie können über FTX, Forex, ETFs und die Kryptowährungen, wenn ich werde Ihnen zeigen, wie das geht.
Frau Balusch: Warten Sie mal kurz. Bleiben Sie dran …

Ich klapperte und trampelte leiser werdend auf der Stelle, um akustisch zu simulieren, dass ich den Raum verlasse. In Wahrheit aktivierte ich leise meinen Laptop und rief die Seite seiner angeblichen Tradingbank auf. *DGXLTD.com* war auf den ersten Blick eine gut gemachte Webseite in Ticker-Optik: aktuelle Kryptokurse klackerten hoch und runter; blinkende Parolen wie »professionals at your service!« oder »Register now!« luden zum Mitmachen ein.

Im Impressum stand was von Bulgarien, obwohl die Bank englisch sein wollte. Viele Menüpunkte waren nicht anwählbar. Soso.

Ich stampfte ein paarmal auf der Stelle, klapperte und ging wieder ans Handy.

> **Ich als Frau Balusch:** Hören Sie. Ich habe eben im Vertrauen mit Frau Mittel, der Frau von meinem Arbeitgeber, gesprochen. Sie hat gesagt, sie hat eine Menge Bargeld, und sie würde das gerne investieren, in Ihre Firma.
> **Anton Wolf:** Den Frau?
> **Frau Balusch:** Ja. Und wir haben jetzt gesagt, dass ich das organisiere.

Meine Dienstherrin Erika Mittel habe 12 000 Euro auf der hohen Kante, fuhr ich fort, und machte Andeutungen, dass es sich um Schwarzgeld handele, das endlich mal gewaschen werden müsse. Aus Diskretionsgründen schlug ich eine Übergabe in bar vor. Zum Beispiel in Wien.

> **Anton Wolf:** So geht das nicht! Sie holen eine Auto mit Bargeld. Aber das ist Börsen-Händler. Händler-Arbeit. Und das geht nur über den Banken.

Schade. Ich hätte die Polizei zur Übergabe mitgenommen und den Kerl direkt verhaften lassen. Es fehlte noch der Beweis, dass und wie genau er mich ausnehmen wollte, aber inzwischen erkannte ich Kleinganoven tausend Meilen gegen den Wind. Der war so einer.

Anton Wolf: Darf ich fragen, ob Sie einen Computer haben?
Frau Balusch: Ja. Also nein. Herr Mittel hat einen Computer, aber ich weiß natürlich das Passwort nicht, und er soll eigentlich auch nichts davon wissen. Aber vielleicht könnte ich es herausfinden.
Anton Wolf: Sehr gut. Finden Sie das heraus. Dann werden wir eine Verbindung machen können. Ich zeige Ihnen Schritt für Schritt. Um dass Sie sicher sein, dass Sie mir verstehen, also, mit dem Programm *Anydesk Application*.

Anydesk Application??? Lautlos tippte ich das bei der Suchmaschine ein:

WIKIPEDIA: AnyDesk ermöglicht einen Fernzugriff zwischen Computern mit unterschiedlichen Betriebssystemen wie Windows, Linux oder Macintosh [...]
Wie bei anderen Fernwartungsanwendungen auch, gibt es Berichte, dass AnyDesk von Betrügern und Hackern eingesetzt wird.[19]

Mein Gefühl, dass der Herr Wolf mich fressen wollte, hatte mich nicht getrogen. Allerdings hatte ich ihn unterschätzt. Ihm und seinen Hinterleuten ging es nicht um poplige Courtagen, sondern um den Fernzugang zu meinem oder vielmehr Erich Mittels Computer.

---

19 Wikipedia, April 2024, https://de.wikipedia.org/wiki/AnyDesk

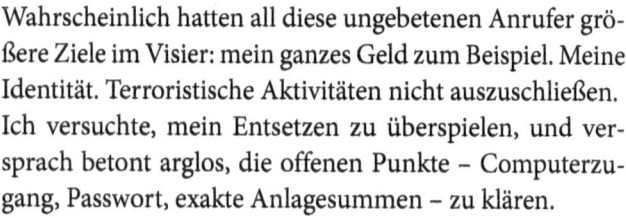
Wahrscheinlich hatten all diese ungebetenen Anrufer grö
ßere Ziele im Visier: mein ganzes Geld zum Beispiel. Meine
Identität. Terroristische Aktivitäten nicht auszuschließen.
Ich versuchte, mein Entsetzen zu überspielen, und versprach betont arglos, die offenen Punkte – Computerzugang, Passwort, exakte Anlagesummen – zu klären.

> **Anton:** Wann soll ich Sie wieder anrufen?
> **Frau Balusch:** Wie wär's denn am 16., abends, um 21 Uhr?
> **Anton:** Passt eigentlich gut für Sie, aber passt nicht bei mir.
> **Frau Balusch:** Also am Dienstag, den 18., könnte ich auch.
> **Anton:** Super. Am 18. um 11 Uhr melde ich mich, bitte blei
> ben Sie erreichbar, ja?
> **Frau Balusch:** Okay. Machen wir so. Bis dann! Tschüss!

Diesen Telefonbetrüger wollte ich nicht mehr abschütteln. Im Gegenteil: Er und das geplante Verbrechen hinter ihm interessierten mich sehr. In den drei Rollen, die

152

ich spontan etabliert hatte – Erich Mittel, seine Frau Erika und deren Haushälterin Carola Balusch – wollte ich ihn so lange hinhalten, bis ich herausgefunden hatte, von wem, wie, wo ich bedroht wurde.

Mein Vorgehen stützte sich auf eine Methode, die ich irgendwann mal (wahrscheinlich während einer U-Bahn-Fahrt zum Theodor-Heuss-Platz) beim Umherbrowsen mit der Suchwortkombination: Ermittlung + Taktik + Cybercrime entdeckt hatte. Man nennt sie:

Social Engineering

Auf der Webseite www.cyberfahnder.de informiert ein engagierter Oberstaatsanwalt namens *Dieter Kochheim* über relevante Fragen und Techniken aus der Welt des Cybercrimes. Herr Kochheim definiert (mit Verweis auf einen Aufsatz des berühmten Hackers Kevin Mitnick) das Social Engineering als eine Technik …

»... der Beeinflussung und Überredungskunst zur Manipulation [...] oder [...] _Vortäuschung falscher Tatsachen,_ über die sich ein Social Engineer eine gefälschte Identität aneignet. Damit kann der Social Engineer andere zu seinem Vorteil ausbeuten, um mit oder ohne Verwendung von technischen Hilfsmitteln an Informationen zu gelangen.«

Man baut einen regelmäßigen Kontakt zum Ort oder der Person des Geschehens auf und sammelt Puzzlesteine. Das ist das, was Anton Wolf mit mir vorhatte und ich ab sofort mit ihm. Eine Hand voll kleiner Puzzlesteine genügt für einen Ermittlungsfortschritt:

Oberstaatsanwalt Kochheim: »5 unwichtige Informationen ergeben eine sensible.«

Über viele Wochen mit zahlreichen ausufernden Hinhaltetelefonaten zwischen Erika/Erich/Frau Balusch und Anton Wolf versuchte ich mich geduldig in Kochheims Puzzletechnik. Ich springe zur ersten Auswertung:

Puzzle zur Arbeitsorganisation der Bande WOLF

Bereits notiert: Im Hintergrund hörte man die Gespräche anderer Telefonierender.

 Anton Wolf arbeitet in einem Großraumbüro.

Typisch für Anton Wolf:

> **Ich als Frau Balusch:** Wir können vielleicht jetzt schon mal
> einen Termin ausmachen: Freitag, vier Uhr dreißig?
> **Anton:** Super. Sagen wir halb siebzehn, ja?

Er war ein großer Fan von festen Verabredungen.

> **Frau Balusch:** Halb siebzehn? Oder würde es Ihnen besser
> halb achtzehn passen?
> **Anton:** Halb siebzehn eigentlich ist in Ordnung.

Wenn so ein Termin abgemacht war, hielt er ihn pünktlich ein. Er saß offensichtlich zu festen Uhrzeiten am
Platz.

 Anton Wolf arbeitet »nine to five«.

Anton Wolf war extrem unflexibel, was das anstehende
Trading betraf: Bargeld wollte er nicht. Unverrückbar
stand als erster Schritt der Download der Fernanwendung
AnyDesk an. Um den Verdacht zu vermeiden, dass ich
etwas anderes im Schilde führte, simulierte ich irgendwann Fortschritte.

> **Ich als Frau Balusch:** Herr Wolf, ich habe eine sehr gute
> Nachricht für Sie und für mich. Und zwar hat der Nachbar
> von Herrn Mittel, der hier gegenüber wohnt, uns sein altes
> iPad gegeben.

Herr Wolf: Okay, super. Dann haben Sie eine Mac Tablet. Ja?

Frau Balusch: Das weiß ich nicht.

Herr Wolf: Äipel, ja?

Frau Balusch: Äipel?

Herr Wolf: Dann haben Sie ein Tablet von die Unternehmen Äipel.

Frau Balusch: Ja, wahrscheinlich. Da ist ja der Apfel drauf.

Herr Wolf: Appel, Äppel.

Frau Balusch: Ja. Na, weil Sie jetzt Äipel gesagt haben.

In unserem ersten Gespräch hatte er noch vorgeschlagen, dass ich mich bei DGX anmelde und eine Einzahlung mache, aber davon war gar keine Rede mehr.

Anton Wolf: Gehen Sie mal bitte bei Google. Gehen Sie bei Google.

Frau Balusch: Immer mit der Ruhe!

Anton Wolf: Im Playstore. App Store.

Anton Wolf: App Store, ja.

Anton Wolf: Schreiben Sie A wie Anton …

Frau Balusch: Augenblick …

Anton Wolf: N wie Nordpol …

Frau Balusch: Augenblick, das ist ganz langsam hier. Ja …

Anton Wolf: AnyDesk heißt das. Okay? Öffnen Sie das und runterladen Sie bitte es.

Frau Balusch: Oh. Kaufen nicht möglich. AnyDesk ist nicht mit diesem iPad kompatibel.

Ich schlug einen anderen Weg vor.

Frau Balusch: Wollen Sie mir nicht einfach schon mal die Bankverbindung von Ihrem Unternehmen geben? Dann können wir das Startgeld schon mal ganz normal überweisen.

Anton Wolf: Also, ja. Moment. Warten Sie bitte.

Die Hintergrundgeräusche waren plötzlich stumm, weil er wohl eine interne Rückfrage stellte.

Anton Wolf: Also hören Sie?

Frau Balusch: Ja, ich höre.

Anton Wolf: Ich schicke der Bankverbindung an Ihre E-Mail-Adresse, der ist die richtige, ja? C, Punkt, Labusch.

Frau Balusch: Oh, nee, da haben Sie aber 'nen Buchstabendreher drin: *Balusch* heiße ich. C, Punkt, Balusch.

Anton Wolf: Okay, bitte sehr. Es wird auf diese E-Mail-Adresse kommen.

Doch zunächst kam in meinem extra für die Haushälterin Balusch eingerichteten neuen E-Mail-Postfach nichts an. Stattdessen sprach er in den nächsten Anrufen wieder und wieder von AnyDesk.

🧩 **Anton folgt einem Script.**

Etwas ganz anderes: Als Anton Wolf mal wieder anklingelte, grabschte ich nach einer Tupperdose und hielt sie mir vor den Mund.

Ich als Rentnerin Erika Mittel (röchelnd): Ja, hallo.

Anton Wolf: Also Anton Wolf ist am Apparat. Mit wem sprech ich denn?

Erika: Sie sprechen mit Erika Mittel.

Anton Wolf: Okay. Mit Frau Mittel. Wie geht es Ihnen? Alles gut so weit?

Erika: Danke, sehr gut. Huch, jetzt sind die Kopfhörer runtergefallen. Hallo!?

Anton Wolf: Ja, hallo, hören Sie mich?

Erika: Ja, hallo, hallo, hier bin ich. Hören Sie mich?

Anton Wolf: Okay, super. Wer ist jetzt dran? Frau Mittel oder Frau Balusch?

Erika: Was?

Anton Wolf: Oder Sie beide in eine Stimme?

In solchen Situationen bewahrte ich einfach Contenance.

Erika: Jetzt ist... – *ich* bin jetzt hier. Was meinen Sie? Das verstehe ich nicht. Hier spricht Erika Mittel.

Anton Wolf (unbeirrt): Ja. Also wie gesagt, ich habe Ihnen schon gesagt: Das Tablet! Haben Sie das?

Erika: Ja, ich habe das Tablett.

Anton Wolf muss bemerkt haben, dass die Telefonstimmen Erika und Frau Balusch von der gleichen Person gesprochen werden. Aber er ließ sich davon nicht weiter beirren. Auch das wieder ein Hinweis auf seine untergeordnete Rolle.

 Anton ist nicht der Profiteur?

Dass ihm möglicherweise nur ein Theater vorgespielt wurde, war Anton Wolf so egal, dass er es wieder vergaß. Ich ließ vorsichtshalber nur noch Frau Balusch ans Telefon gehen und besetzte die (arg scheppernde) Stimme Erich neu, mit Kaspar. Ab und zu bat ich ihn, als Erich hereinzuplatzen und im Hintergrund herumzunörgeln.

Funny: In einem der vielen Gespräche hatte mein Broker namens Anton Wolf auch plötzlich eine andere Stimme. Ich nenne ihn Fake Anton Wolf, obwohl der erste Anton auch schon ein Fake war. Fake Anton Wolf sprach fließend Deutsch und war viel ruppiger als Anton Wolf Nr. 1.

Fake Anton Wolf: Ja, ich bin's noch mal, Wolf.

Mein Telefon war chaotisch verkabelt, deshalb hörte man ein lautes Rauschen und Knacken.

Frau Balusch: Ähem, Herr Wolf. Entschuldigung, das liegt irgendwie an meinem... – krxcks – ... und ich weiß nicht, es ist mir zu ... – krxcks – ... hören Sie dieses Knacksen?

Fake Anton Wolf (harsch): Können Sie die Kopfhörer wegnehmen, bitte?

Fake Anton Wolf hatte - anders als Kollege Wolf Nr. 1 – einen stark österreichischen Einschlag.

Fake Anton Wolf (harsch): Dann melde ich mich morgen um dieselbe Uhrzeit und dann, hoffentlich, haben Sie es gemacht. Weil: Wirklich! Wir haben die Zeit nicht dafür. Weiterhin wünsche ich Ihnen auf jeden Fall einen schönen Abend und bis dann! Servus.

Vielleicht war Ösi-Anton der Chef von Charming-Anton, vielleicht war es nur ein unsympathischer Kollege. Er gehörte jedenfalls zur Taskforce, und die bestand somit aus mehr als einer Person.

 An dem Betrugsversuch sind mehrere Akteure beteiligt.

Kurz zur Erinnerung:
»5 unwichtige Informationen ergeben eine sensible.«
Man erkannte immer deutlicher das Bild eines arbeitsteiligen Betrugs. Anton Wolf war ein kleines Rädchen im Täuschungs-Uhrwerk.

Puzzle zum Standort Anton Wolf

Meine Hinhalterei brachte Anton Wolf selten aus der Ruhe, er investierte Stunden um Stunden seiner Arbeitszeit in das Projekt *Vermögensabfluss Erika Mittel* und beschwerte sich erst nach der x-ten Schleife:

Anton Wolf Nr. 1 (angeberisch): Wir haben auch eine Filiale in Frankfurt am Main, in Österreich, in Wien. Haben wir in Zürich auch.
Frau Balusch: Na ja. Man könnte sich natürlich auch verabreden, in Österreich oder in Zürich. Ich meine, wenn Sie sagen, dass man das Geld verdoppeln kann, dann lohnt sich das ja auch für uns.

Anton Wolf: Also, hören Sie mich hier, ein Moment. Weil: Wir verlusten nur Zeit. Lange reden bringt keinen Sinn. Eine Arbeit bringt etwas. Deswegen. Okay?

 Die Anton Wölfe arbeiten wahrscheinlich in einem Land, wo der Stundenlohn für Callcenter-Mitarbeiter:innen niedrig ist.

Eine Spur zum Sitz der Tätergruppe könnte die Herkunft ihres Mitarbeiters Anton Wolf 1 (= mein liebenswerter Stamm-Wolf) sein.

Frau Balusch: Und darf ich fragen, wo kommen Sie denn her? Weil: Sie sprechen hervorragend Deutsch, aber Sie sind ja nicht Deutscher.
Anton Wolf 1: Entschuldigung, ich bin in Österreich.
Frau Balusch: Jaja, aber Sie sind doch kein Österreicher. Das höre ich an Ihrem Akzent.
Anton Wolf: Und das ist Problem für Sie, oder?
Frau Balusch: Nein, das ist überhaupt kein Problem, ich hab doch nichts gegen Ausländer.
Anton Wolf 1: Aber ich bin kein Ausländer.
Frau Balusch: Nein, nein. Ich wollte ja nur fragen, wo Sie herkommen.

Wokeness war für Frau Balusch ein Fremdwort.

Anton Wolf: Eigentlich von meiner Muttersprache her, ich bin Italiener!

Guter Witz! Ich musste einen anderen Weg finden, ihn einzukreisen. Der, den ich wählte, war kompliziert. Wirklich sehr kompliziert. Ich werde versuchen, ihn hier grob nachzuzeichnen, weil diese komplizierte Einkreisung erstaunlich schnell zu Erkenntnissen führte.

Die Anton Wölfe hatten nach vielen zähen Telefonaten erkannt, dass ein Remote Access (zum Rundumschlag) mit den zwei versponnenen Ladys und Erichs Steinzeit-Equipment nicht umsetzbar war. Sie ließen von der Forderung einer AnyDesk-Installation ab und schickten endlich eine Bankverbindung.

Von: <Anton Wolf>
An: <Carola Balusch>

Sehr geehrte Frau Balusch,
anbei erhalten Sie die Bankdaten an die Sie die Überweisung von 5000 Euro machen koennen und ich bitte Sie um eine Bestaetigung davon.

Epfaengername: INNOVAMED ITALY KFT
IBAN: HU211XXXXXXXXXXXXX

Mit freundlichen Grüßen
Anton Wolf

Eine Bank in Ungarn und ein »Epfaenger«, der weder DGX noch Anton Wolf hieß. Über die *Innovamed* ließ sich im Netz nicht viel finden: Die Firma war in Ungarn mit geringem Startkapital gegründet worden, über die Branche gab der Eintrag im ungarischen Handelsregister – »Service Provider« – wenig Aufschluss.

Für mich, wie auch immer, gut, denn endlich verlangten die nur noch eine schnöde Überweisung. Es bestand vollstes Vertrauen in Frau Balusch und Frau Mittel, dass sie blöd genug waren, egal welche Zahlungsaufforderungen stumpf zu befolgen. Dieser Kurswechsel öffnete neue Türen und gab Raum für den Einsatz weiterer Ermittlungstechniken …

Verdeckte Online-Ermittlung

In meinem Leben spielt der Zufall eine große Rolle. Man muss nur aufmerksam sein, dann entstehen aus zufälligen Begebenheiten die besten Konzepte.

Kaspar, mein Freund, war im Rahmen seines aktuellen Webseiten-Projekts von seinen Kollegen angehalten worden, sich im autodidaktischen Crash-Kurs das Programmieren wesentlicher interaktiver Webfunktionen beizubringen. Tag und Nacht trainierte er mit entsprechenden Tutorials. Ich fragte ihn, ob er sich vorstellen könnte, als eine Art Übungsaufgabe Erikas Hausbank zu programmieren, mit der ich die Wolf-Bande reinlegen konnte. Kaspar sagte zu und setzte den Probeauftrag in enormer Geschwindigkeit meisterhaft um. So konnte ich die Cyberfahnder-Puzzle-Technik mit einer verdeckten Online-Ermittlung kombinieren: **www.spree-bank.de**

Die Webseite von Erikas Hausbank (die erfundene *Spree-bank* in Ahrensfelde) hatte es in sich.

Wenn man versuchte, sich beim Online-Banking einzuloggen, blieb man, so wie man das kennt, an einem nicht enden wollenden Captchatest hängen.

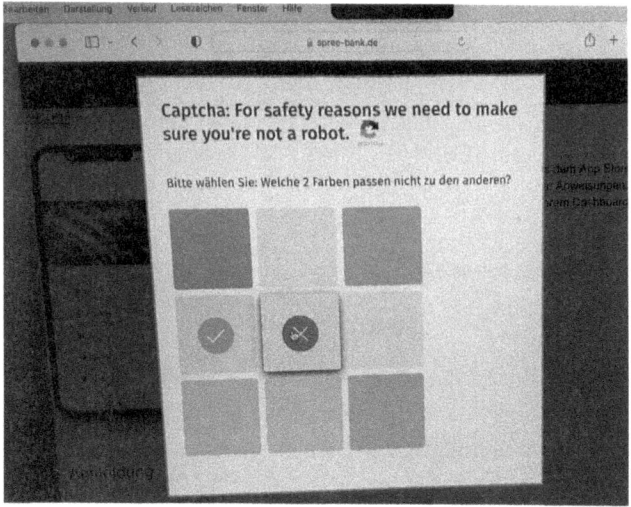

Dieser Captchatest barg Fragen, die über den Kulturraum des Täters Aufschluss geben sollten. Ohne mich als Ermittlerin zu outen, konnte ich mit dieser Seite diejenigen, die sich da durchklickten, verdeckt beobachten und analysieren.

Auf welchen 2 Bildern ist nicht Pamela Anderson zu sehen?

Kaum stand die Webseite online, eröffnete ich Herrn Wolf, dass Erika sich einen Online-Zugang bei ihrer Hausbank verschafft hatte und kurz davorstand, die gewünschten 5000 Euro zu überweisen. Kleines Problem: Die beiden digitalen Analphabetinnen waren zu blöd sich einzuloggen.

Welche dieser Süßigkeiten schmeckt nicht?

Bei welcher dieser Taschen handelt es sich um eine Fälschung?

Captcha: For safety reasons we need to make sure you're not a robot. ⟳

Welcher dieser Männer verdient weniger als 2400 Euro im Monat (brutto)?

Ich als Frau Balusch: Herr Wolf, Frau Mittel hat einen On-line-Zugang und würde ja auch gerne überweisen, aber das klappt einfach nicht.

Anton Wolf 1: Sie haben Online-Banking, ja? Bei der Sparkasse?

Frau Balusch: Nein, nein. Bei der Spreebank. Haben Sie einen Computer vor sich?

Anton Wolf: Auf jeden Fall habe ich die Computer vor sich, weil: Ich arbeite eigentlich mit dem Börsenhandel.

Frau Balusch: Gut. Also das ist www.spree-bank.de.

Anton Wolf: Spree – minus – Bank – Punkt – D – E.

Frau Balusch: Und dann gehe ich auf E-Banking.

Anton Wolf: Ja, E-Banking.

Frau Balusch: Und da kommt: Welche zwei Farben passen nicht zu den anderen?

Anton Wolf: Aha, okay. Moment …

Frau Balusch: Was wähle ich denn da aus?

Anton Wolf: Also probieren Sie … Rot mit Blau, das passt nicht.

Frau Balusch: Mh, hat nicht geklappt. Auf welchen zwei Bildern ist nicht Pamela Anderson zu sehen? Die kenne ich nicht, diese Frau.

Anton Wolf: Kennen Sie nicht die Pamela Anderson? Die ist ja eigentlich ein großes Aktör.

Großes Aktör? Das ist die Schlagkraft des Social Engineering: Egal, worüber man spricht, es kommt immer etwas dabei heraus.

 Anton Wolf kennt Pamela Anderson und nennt sie »AK-TÖR«.

Er könnte das englische Wort »actor« oder die französische Bezeichnung »acteur« gemeint haben, aber man sollte im Hinterkopf behalten, dass »Schauspieler« auf Türkisch auch »Aktör« heißt (wenn man nicht – »Aktris« – gendert).

Frau Balusch: Jetzt kommt ein Bild von einem Brot.

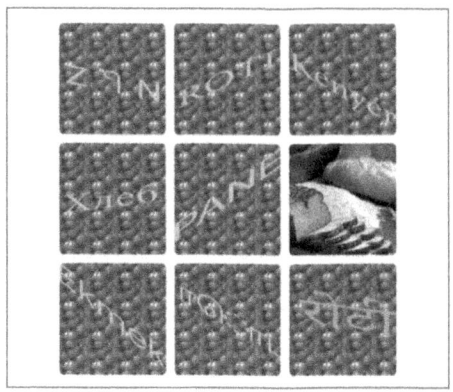

Auf einem der Captchas sah man ein Brot und las in acht verschiedenen Sprachen geschrieben das bezeichnende Wort – auf Italienisch, Ungarisch, Hindi …

Anton Wolf: Okay, also eigentlich …, ja, schauen Sie mal! Ekmek! Da steht »Ekmek«. Klicken Sie bei »Ekmek«.

Inshallah! »Ekmek« ist ein *türkisches* Wort.

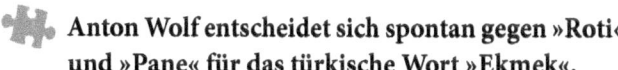 **Anton Wolf entscheidet sich spontan gegen »Roti« und »Pane« für das türkische Wort »Ekmek«.**

KING

Frau Balusch: Ja …
Anton Wolf: Jetzt ist da der Erdogan.

Tadaa! Anton hatte vier Diktatoren vor die Nase gesetzt bekommen und spontan den Erdogan zuerst genannt.

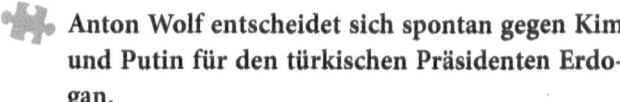 **Anton Wolf entscheidet sich spontan gegen Kim und Putin für den türkischen Präsidenten Erdogan.**

Anton Wolf: Und der Vladimir Putin.
Frau Balusch (un-woke): Und so 'n Asiate.
Anton Wolf: Das ist der Kim Jong.

Frau Balusch: Wer ist denn der Mann mit dem grünen Hintergrund?
Anton Wolf: Ja, also der Mann, ich kenne das nicht.

Den Ungarn Viktor Orban erkannte er nicht mal.

Frau Balusch: Ja und jetzt kommt ein neues Bild.
Anton Wolf: Jetzt kommt eine Hund mit Perücke. Und jetzt kommt »irregular activity denied«.
Frau Balusch: Ja, das ist genau das.
Anton Wolf: Okay, ja, das ist genau das.

Hattrick! Türkei. Türkei. Türkei.
Passender Funfact: Der Wolf wird in der Türkei (und sonst

fast nirgends) als heiliges Tier und Ahne verehrt, denn in einer bekannten asiatischen Sage wird berichtet, dass die Wölfin Asena das letzte Kind des Stammes der Tue'kue rettete und säugte. Sie sicherte dadurch den Fortbestand des Volkes, welches sich später »Türken« nannte.[20]

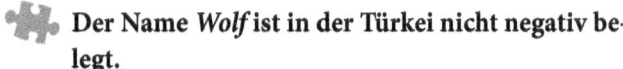 **Der Name *Wolf* ist in der Türkei nicht negativ belegt.**

Noch mal zur Erinnerung:
»5 unwichtige Informationen ergeben eine sensible.«
Anton Wolf könnte Türke sein oder mindestens in der Türkei sozialisiert worden sein.

> **Anton Wolf:** Diese Bank verstehe ich nicht. Das ist nicht normale Bank. Was soll das hier?
> **Frau Balusch:** Ich versuch die jetzt mal zu erreichen. Das kann ja nicht sein. Ich meine, wenn Sie das schon nicht hinkriegen. Sie sind ja auch ein Experte.
> **Anton Wolf:** Ja, ich bin der Experte, aber es ist nicht normal.
> **Frau Balusch:** Okay, Herr Wolf, nicht dass die Bank zumacht.
> **Anton Wolf:** Ich rufe Sie an.

Das lief wie am Schnürchen. Der Wolf fraß Fuchs Balusch aus der Hand, und ich sammelte Erkenntnisse. Nicht nur als *Social Engineer,* mit den geschilderten Puzzleversuchen, unter Hinzunahme von Techniken der *verdeckten*

---

20 Wikipedia, April 2024, https://de.wikipedia.org/wiki/Asena-Legende

Online-Ermittlung, sondern auch mit experimentellem Storytelling, für das ich immer wieder neue Plotpoints erfand. Apropos Plotpoints:

Meine unstete Berufsbiografie beinhaltet viele Jahre Mitarbeit in diversen Seifenopernproduktionen – ein Job, in dem man viel Zeit mit dem Erfinden von Geschichten verbringt. »It's all about character« war ein wiederkehrendes Credo. Motivationen, die in den Charakteren angelegt sind, bieten die glaubwürdigsten Anlässe für Geschichten.

Die Frau Balusch hatte ich spontan als selbstlosen helfenden Charakter etabliert, eigentlich etwas flach. Dass sie nervig und un-woke war, gab ihr eine gewisse menschliche Dimension, aber da ging noch mehr. Sie könnte zum Beispiel weniger stumpf sein und vielleicht doch bemerken, dass die DGX Bank eine unseriöse Institution ist.

Außerdem hatte Frau Balusch bestimmt eigene Wünsche und Träume, die sich mit 14 Euro pro Stunde nicht erfüllen ließen. Wäre es nicht völlig plausibel, wenn Frau Balusch Antons Betrugsversuch durchschaute und sich davon inspirieren ließ, selbst den Kuchen anzuschneiden?

Eine zweite Bank musste her. Ein kriminelles Konto für Frau Balusch, über das sie eigene krumme Dinger abwickeln konnte. Am besten eine Offshore-Bank. Für Kaspar inzwischen nur noch eine Fingerübung:

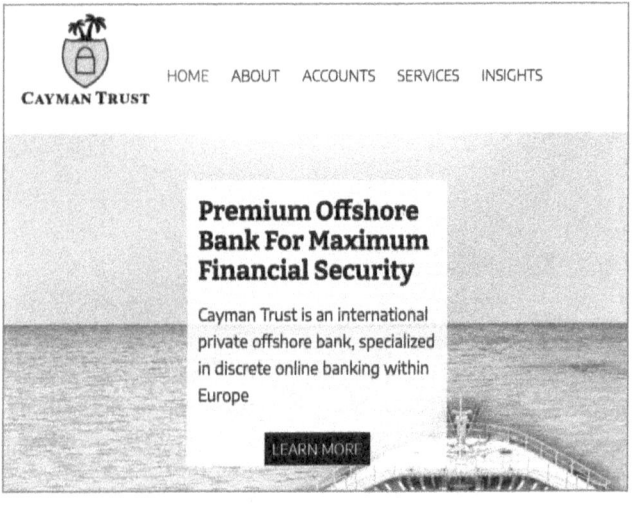

Bei der Spreebank konnte man sich wegen der unüberwindbaren Captcha-Sperre nicht einloggen. Bei der Cayman Trust Bank ging das.

Login to User Password:
Submit

Please enter your 27-digit Loyalty-ID (a) here (valid: 12 minutes)

Man benötigte allerdings mehrere Codes. Wenn man diese in der richtigen Reihenfolge korrekt eingab, landete man auf einer Seite, die den Kontostand anzeigte. Um das Geld abzubuchen, konnte man seine private Telefonnummer zur diskreten Kontaktaufnahme hinterlassen. Darauf wollte ich hinaus. Ich war davon überzeugt, dass eines der Bandenmitglieder sich das Geld im Alleingang holen wollen würde. Sie mussten nur erst mal von der Möglichkeit erfahren.

We recruit our employees and customers with the utmost care

New customers are only acquired through recommendation and approval through a three-stage WHO-R-U profile check. Contact to potential new customers is made after validation of their personal CTFC Code (Cayman Trust Friends and Confidents Code).

Kaum stand unsere zweite Webseite online, aktivierte ich mein gutes altes Zweittelefon (ab sofort das neue Privattelefon von Frau Balusch). Dann schrieb ich Herrn Wolf eine E-Mail:

Von: <Carola Balusch>
An: <Anton Wolf>

Lieber Herr Wolf, anbei der Überweisungsbeleg bezüglich der Einlagensumme. Ich habe jetzt auch endlich ein eigenes Telefon. Nummer 0049 17XXXXXXXX. Bitte rufen Sie mich zurück!

Mit einem großen Pott Tee setzte ich mich an meinen Schreibtisch und wartete auf das Telefonklingeln aus der Türkei.

Schon bald erhellte die vertraute Wiener Spoofing-Nummer mein Display. Ich holte tief Luft und schraubte meinen Sprech auf Norddeutsch.

Ich als Frau Balusch: Ja, hallo?

Anton Wolf 1: Ja, hallo! Schönen guten Tag, Frau Balusch, können Sie mich hören? Also, was für eine Bestätigung ist das? Spielen Sie mit uns? Hahahaha.

Sein Tonfall war aufgebracht, aber so, als würde er die Wut nur behaupten, aber nicht wirklich fühlen. Das entsprach meinem schauspielerischen Niveau.

Frau Balusch (mit schlecht gespielter Resolutheit): Herr Wolf, hören Sie mir zu!

Anton Wolf: Ah, haha, hören Sie zu!

Frau Balusch: Ich habe ein Konto eingerichtet, bei der Cayman Trust Bank.

Anton Wolf: Cayman Trust Bank? Oh, mein Gott. Schauen Sie, ich habe nicht so viel Zeit. Sie haben eine Überweisung mit Empfängername Anton Wolf gemacht, aber die IBAN gehört überhaupt nicht bei uns. Und der Betrag: 23 500 – Superfalsch! Oh mein Gott! SUPER-falsch! Was für eine Überweisung ist das? Ich lach mich halb tot.

Frau Balusch: Hören Sie zu, Herr Wolff. Sie haben Frau Mittel gesagt, sie soll Ihnen Geld überweisen. Frau Mittel hat das Geld überwiesen, an Anton Wolf, aber bei der Cayman Trust Offshore Bank. Sie brauchen die Codes, dann bekommen Sie Ihr Geld, aber Sie bekommen nicht die kompletten 23 500. Denn: 15 000 werde ich behalten. Und 8500 bekommen Sie!

Anton Wolf: Wie bitte? Noch mal, noch mal…

Frau Balusch: Herr Wolf, es gibt für Sie eine Möglichkeit, an dieses Geld ranzukommen. Wenn Sie von mir den Transfer-Code erhalten, dann können Sie sich das Geld abholen. Wollen Sie dieses Geld oder wollen Sie es nicht?

Anton Wolf: Ich will nicht diese Geld! Sie spielen mit mir! Was für eine verfXXXte Hurenfrau sind Sie?

Frau Balusch: Was sagen Sie zu mir?!?

War ich zu forsch? Zu bestimmerisch? Zu kompliziert? Zu wenig kollegial? Und was den Charakterwandel angeht: Zu anders als vorher? Hatte ich den Wendepunkt zu wenig vorbereitet? Wir Seifenopern-Storyliner nannten das früher »Taxi von links«. Oder war das einfach alles zu schlecht gespielt?

> **Anton Wolf:** Sie sind eigentlich sehr Huren. Scheiß-Sau. Geh mal weg.

Der knuffige Anton Wolf 1 hatte auch ein zweites Gesicht.

> **Frau Balusch:** Herr Wolf! Was ist denn mit Ihnen los?
> **Anton Wolf:** Missgeburten sind Sie. Gehen Sie mal im Puff. Gehen Sie in Puff und machen Sie Arbeit! Ich bin nicht da, so rumzuspielen. Ich bin eigentlich ein Broker. Geld ist Arbeit.
> **Frau Balusch:** Herr Wolf! Hören Sie zu ...

Hatte er begriffen, dass er sich 8500 Euro in seine eigene private Tasche hätte stecken können?

> **Anton Wolf:** Ah, wieder hören Sie zu. Was soll das hier? Oder möchten Sie 20 Millionen? Überweisen Sie 20 Millionen! Ich wünsche ein schönes Tag und nehmen Sie alles Geld!

Nach diesen (vor-)letzten Worten legte Anton Wolf, der erste, auf.
Ich hatte mit hochkarätiger technischer Unterstützung und cleverer Ermittlungstechnik eine komplexe Falle aufgespannt; der Wolf war geradewegs auf sie zugelaufen und im letzten Moment abgebogen. Jammerschade. Alles umsonst? Ich würde mich wahrscheinlich bis zum heutigen Tage ärgern, wenn nicht am selben Tag das Mobiltelefon des Ehepaars Erich und Erika Mittel geschrillt und mir eine letzte Gelegenheit geboten hätte, die aufgespannte Falle effektiv

zu nutzen. Auf dem Display: 0044… (England). Ein *neuer Betrüger*? Egal. Hauptsache *einen* stellvertretend stellen. Zu verlieren hatte ich nichts. Der Stimmverzerrer war längst abgebaut, aber Erikas Tupperdose lag noch da.

Ich als Erika Mittel: Ja, hallo?!
André Getty[21]: Ja, Madam, sind Sie zu Hause?
Erika Mittel: Dürfte ich fragen, mit wem ich spreche?
André Getty: Sie sprechen auf jeden Fall mit André Getty. Sie haben eine Anmeldung gemacht bei uns am Online-Handel.

Ein glücklicher Zufall für mich. Ganz großes Pech – für ihn.

Erika Mittel: Wer ist denn »uns«?
André Getty: Do-Invest-Finance.
Erika Mittel: Du-inwäst-Feinänz.
André Getty: Es geht um den Online-Handel.

Fast. Es ging um Online-Händler-*Fallen*.

Erika Mittel: Also eigentlich bin ich im Gespräch mit einer anderen Firma, die heißt DGX LTD.
André Getty: DGX LTD?

Ich ließ Erika das bisherige Geschehen aus ihrer naiven Perspektive rekapitulieren und nutzte alle vorhandenen Charaktere und Plotpoints:

---

21 Er nannte sich anders, aber der Name klang ähnlich.

Erika erzählte Getty, dass sie schon länger eine Möglichkeit zur Geldanlage gesucht hatte; dass sie Anton Wolf die Starteinlage überweisen wollte; dass ihr Mann Erich davon nichts wissen durfte und dass ihr darum ihre Haushälterin, Frau Balusch, geholfen hatte, das Geld an eine ganz merkwürdige Bank im fernen Ausland zu überweisen. Davon, dass Frau Balusch eigentlich eine hinterhältige Schlange war, erzählte ich nichts, da Erika es ja nicht so sah. Gegen das Unternehmen DGX hegte Erika auch kein Misstrauen.

André Getty: Madam, eine Bitte von mir. Bei dieser Plattform, DGX, haben wir schon mal von anderen Kunden erkannt und das ist ein Betrug-Plattform, Madam.

Erika Mittel: Eine Betrugsplattform? Ja, aber das wäre ja ganz furchtbar. Ich habe 23 500 Euro an diese Plattform überwiesen.

André Getty: Was? Madam! Bitte!

Erika Mittel: Es wird mir ganz schwindelig. Das Geld ist ja abgebucht.

Thema »Character«: Dieser Betrüger war wendiger, intelligenter, souveräner als Anton Wolf. Und weniger verkuschelt. Er versuchte mich (= »Erika«) zu beruhigen: Ich müsse mir keine Sorgen machen. Seine Firma sei darauf spezialisiert, genau solche Gelder zurückzuholen. Er diktierte mir seine *berufliche* E-Mail-Adresse: Andregetty12@ gmail com[22].

---

22 E-Mail-Adresse gemäß Namensanpassung geändert, aber sie war sehr ähnlich.

André Getty: Ich arbeite mit einen richtigen Expert. 90, eigentlich 99 Prozent haben wir uns das Ziel erreicht. Und deswegen verspreche ich Ihnen auch und schwöre ich Ihnen auch auf meine kleine Tochter, dass wir Sie helfen würden, um Ihr Geld wieder zurückzubekommen.

Man kann sicher nachvollziehen, wie meine Motivation wuchs, diesen neuen Gangster – Repräsentant der Telefonbetrügerzunft, der blasphemisch »auf das Leben seiner Tochter« log und betrog – einzukassieren.

Am nächsten Tag schon meldete er sich bei Erika.

André Getty: Frau Mittel. Wir haben auf jeden Fall etwas Gutes für Sie: Wir haben das Geld gefunden. Das Geld befindet sich im Blockchain.

Ich als Erika Mittel (panisch): Oh, mein Gott!

André Getty: Und im Bitcoin sind die gerade in Blockchain 32 000, da der Bitcoin-Preis die letzte Woche deutlich gestiegen ist, verstehen Sie?

Erika Mittel: Soll das heißen, das Geld ist gar nicht weg?

André GETTY (Old-School-männlich): Das ist da.

Er wies mich an, ein Wallet einzurichten (ein passwortgeschütztes »Online-Portemonnaie« für Kryptowährungen), zum Beispiel bei *Bitpanda* oder *Coinbase*, um 6500 Euro Sicherheitsleistung darauf einzuzahlen. Danach würde er mir das komplette Geld zurücküberweisen. Das immer gleiche Prinzip also: Auszahlung gegen Lösegeld. Gähn!

Auf meiner Seite sollte das strategische Vorgehen weniger langweilig werden. Ich war ja lernfähig. Neues Fachwort:

Der IKEA-Effekt

Der IKEA-Effekt ist ein weiterer Begriff aus meiner auto-didaktischen Ermittlerinnen-Fortbildung, die ich wie schon erwähnt meistens dann vorantreibe, wenn ich mich während einer längeren U-Bahnfahrt langweile.

> WIKIPEDIA: Als IKEA-Effekt wird in der Verhaltensökonomik der Zuwachs an Wertschätzung bezeichnet, der [...] selbst zusammengebauten Gegenständen im Vergleich zu fertig gekauften [Produkten] entgegengebracht wird.[23]

23 Wikipedia, Mai 2024, https://de.wikipedia.org/wiki/IKEA-Effekt

Wenn man dieses Prinzip auf einen Manipulationsversuch anwendet, ergibt sich folgende goldene Regel: Eine Person ist von einer Idee / einem Plan / einer Aktion / einem Arbeitsergebnis mehr überzeugt, wenn sie das Gefühl hat, sie hat das »selbst zusammengebaut« (= sie ist von selbst darauf gekommen).

Etwas konkreter: Man will eine Person X zu einer Aktion Y hin manipulieren, ohne dass sie die Manipulation bemerkt. Dann kann man zum Beispiel der Person X von zwei scheinbar nicht verbundenen Quellen Informationen zuspielen, die so zusammenpassen, dass die Person geradezu zwangsläufig auf die geplante Idee Y kommt.

Noch konkreter: Ich wollte, dass André Getty in meine Cayman-Trust-Gangsterfalle tappt. Anton Wolf war rechtzeitig abgesprungen, weil ich ihn einerseits mit dem plötzlichen Wandel der Frau Balusch überfordert hatte, und andererseits hatte Frau Balusch ihn dann allzu offensiv aufgefordert, sich bei der Cayman Trust Bank einzuloggen. Er hatte vielleicht intuitiv gespürt, dass sie ihn manipulieren will. André Getty hatte bereits bewiesen, dass er smarter und wendiger als Anton Wolf war. Das begünstigte aus meiner Sicht die Anwendung des IKEA-Effekts.

Zunächst schrieb ich *Andregetty12* in der Rolle der Erika Mittel eine E-Mail mit der Bitte, mich nur noch über das Telefon meiner Haushälterin, Frau Balusch, anzurufen. Im Anhang befand sich das Bild eines handgeschriebenen Zettels mit der URL der Cayman-Trust-Website und verschiedenen Codes, den ich nicht weiter erläuterte.

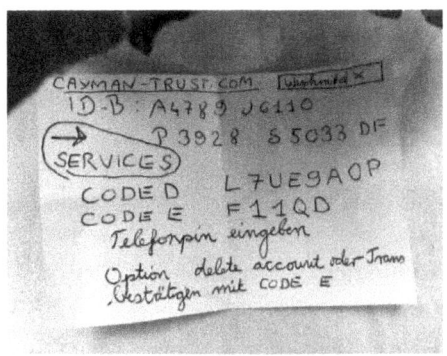

Getty hatte die Mail offensichtlich erhalten, er rief wie gewünscht zur vereinbarten Zeit auf Frau Baluschs Telefon an.

Ich als Frau Balusch (betont norddeutsch): Hallo, hier Frau Balusch bei Familie Mittel.
André Getty: Frau Balusch, hier André GETTY. Die Frau Mittel hätte ich gerne gesprochen. Wir waren verabredet, deswegen können Sie sie mal kurz holen? Aber nicht, dass der Ehemann das mitbekommt.
Frau Balusch: Ah ja, warten Sie bitte einen Augenblick. Ähm …

Ich legte das Telefon ab und trat einen Schritt zur Seite.

Ich als Erika Mittel (leise): Ist das für mich?
Ich als Frau Balusch: Nein das ist für mich! (Ich ging wieder dran.) Äh, hallo, Herr Getty? Ich bin's noch, Frau Balusch. Ich habe etwas mit Ihnen zu besprechen.
André Getty: Ja bitte.

185

Frau Balusch: Das Geld, das Frau Mittel an Herrn Wolff überwiesen hat, das kann gar nicht bei Ihnen sein!

André Getty: Das Geld ist nicht bei mir, das Geld ist in Blockchain in Bitcoins versteckt worden.

Frau Balusch: Nein, da ist das Geld nicht. Das Geld von Frau Mittel habe ich persönlich an die Cayman Trust Bank überwiesen.

André Getty: Hallo!? Was ist 'n hier los jetzt?

Frau Balusch: Ich habe das Geld genommen. Haben Sie das verstanden?

André Getty: Hallo! Schriftlich bitte! Ich brauche das, was Sie gesagt haben, schriftlich.

Frau Balusch: Sie bekommen von mir überhaupt nichts schriftlich, Herr – wie war Ihr Name?

André Getty: GETTY!

Frau Balusch: Ich weiß, dass noch mehr als 7000 Euro auf der Cayman Trust Bank liegen, und ich habe auch den Zugang aufgeschrieben. Aber Frau Mittel hat den Zettel an sich genommen. Das ist die Situation hier. So. Und Sie können das Geld gar nicht haben, denn Sie haben schließlich nicht die Zugangsdaten zur Cayman Trust Bank.

André Getty: Sagen Sie mal, sind Sie noch dicht? Oder sind Sie gar nicht mehr?

Die Rolle kaufte er mir ab, den Inhalt nicht. Noch nicht.

Frau Balusch: Hören Sie zu: Genau so, wie ich Frau Mittel angelogen habe, dass ich das Geld an Herrn Anton Wolf gegeben habe, genauso lügen Sie mich und Frau Mittel an, dass Sie das Geld haben, denn das Geld liegt auf *meinem* Konto und 7000 und ein paar Zerquetschte liegen noch auf

dem Cayman-Trust-Bank-Konto, an das ich nicht mehr ran-
komme.

André Getty: Genug mit dem Schwachsinn. Geben Sie mir
die Frau Balusch.

Frau Balusch: Ich bin Frau Balusch.

André Getty: Die Frau Mittel. Jetzt haben Sie mich völlig
durcheinandergebracht.

Frau Balusch: Gut, ich gebe Ihnen Frau Mittel, aber Sie
werden kein Sterbenswörtchen sagen, oder ich werde auch
Sie verraten! (Mich vom Telefon entfernend …) Frau Mittel!

Ich als Erika Mittel (leise): *Ja?*

Ich als Frau Balusch: Da hat das Telefon doch noch mal
geklingelt, da ist jetzt ein Herr Getty dran.

Ich machte Schlurfgeräusche vor dem Schreibtisch, dann
meldete ich mich als Erika.

Ich als Erika Mittel (schwächlich): Ja …? Hallo! Hallo!

André Getty: Frau Mittel. Wie weit sind Sie mit dem Wallet
gekommen?

Er verriet Erika nichts. Stattdessen ließ er sich, um Geduld
bemüht, von ihr erklären, wieso sie Bedenken mit der Bit-
panda-Bank habe.

Erika Mittel: Ich meine, es geht hier um sehr viel Geld.

André Getty: Oje, oje.

Erika Mittel: Wie wäre es denn, wenn Sie am Mittwoch noch
mal anrufen? Also Frau Balusch ist ab 15 Uhr hier. Aber mein
Mann ist auch da. Also über das Telefon meines Mannes,
das wäre keine gute Idee.

André Getty: Alles klar, gut. Dann weiß ich Bescheid.

Erika Mittel: Versuchen Sie es wieder über das Telefon von Frau Balusch. Das ist eigentlich völlig in Ordnung. Wir haben ein ganz vertrautes Verhältnis. Sie weiß ja auch über alles Bescheid.

André Getty: Alles klar.

Erika Mittel: Sie hat ja selber mit mir zusammen die Überweisung gemacht. Sie hat da sogar so einen Zettel gehabt. Den hab ich aber an mich genommen, nachdem die ganze Sache erledigt war. Den hab ich Ihnen auch geschickt.

Und noch ein Wink mit dem Zaunpfahl:

Erika Mittel: Den hatte Frau Balusch hier liegen lassen, und da hatte ich den an mich genommen.

Tuuut. Aufgelegt.

Hatte Getty die Schnauze voll? Nein. IKEA-Effekt!

Er hatte tatsächlich die Hinweise der zwei vermeintlich unabhängig voneinander agierenden Frauen zusammengesetzt. Das weiß ich, weil Kaspar noch am gleichen Abend meldete, dass sich jemand bei der Cayman Trust Bank mit den Codes auf Erikas Zettel eingeloggt hatte. Das konnte nur Getty gewesen sein. Das System hatte daraufhin eine private Telefonnummer zur Kontaktaufnahme erfragt und Getty – oder wer auch immer sich hinter diesem Namen verbarg – hatte dort eine Mobiltelefonnummer mit der Länder-Vorwahl 00355 angegeben. Albanien.

Am nächsten Tag verkabelte ich meinen Computer und ließ die Cayman Trust Bank per Roboterstimme bei dieser Nummer anrufen.

Mann (Getty): Hallo.

Es war tatsächlich die Stimme des Mannes, der sich gegenüber Frau Balusch und Erika als André Getty ausgegeben hatte.

Roboterstimme meines Computers: This is an automated message by Cayman Trust Bank: In which City do you want to pick up your cash?

> [Dies ist eine automatische Nachricht der Cayman Trust Bank. In welcher Stadt möchten Sie Ihr Bargeld abholen?]

Getty: Yes, I want to pick up my cash.

> [Ja, ich möchte mein Bargeld abholen]

Roboterstimme: In which City do you want to pick up your cash?

> [In welcher Stadt möchten Sie Ihr Bargeld abholen?]

Getty: Tirana.

Okay, nichts überstürzen.

Die Cayman Trust Bank rief Getty, dessen wahren Namen ich noch nicht kannte, in den nächsten Wochen mehrfach an, um verschiedene Verzögerungen anzukündigen. Schließlich ließ ich ihn wissen, welche letzten entscheidenden Voraussetzungen für die Auszahlung zu erfüllen waren:

Getty: Hallo.

Roboterstimme: This is an automated call from Cayman Trust Bank Identification service. Before cash pick up can be implemented in Tirana, you need to go through Cayman

Trust Identification Check. You will need WIFI and a computer equipped with a camera, do you understand?

> [Dies ist ein automatisierter Anruf des Cayman-Trust-
> Bank-Identifikationsservice. Vor der Bargeld-Abhe-
> bung in Tirana müssen Sie am Cayman-Trust-Identifi-
> kationsverfahren teilnehmen. Sie brauchen WLAN und
> einen Computer, der mit einer Kamera ausgestattet ist.
> Haben Sie das verstanden?]

Getty verstand und sagte einen Termin für das Identifika-
tionsverfahren am Samstagnachmittag zu.

Warum Samstag? Weil dann alle Mitglieder des *Caro-ermittelt*-Teams Zeit hatten, einen entsprechenden Bildschirm-
hintergrund aufzubauen, vor dem ich als vermeintliche
Cayman-Trust-Mitarbeiterin den Getty auffordern konnte,
mir seine Ausweisdokumente in die Kamera zu halten.

Bevor ich zu diesem Finale komme, sollte ich erwähnen, dass Anton Wolf sich ein letztes Mal bei mir meldete. Per WhatsApp-Sprachnachricht. Auf das Telefon von Frau Balusch.

Voice-Message Anton Wolf: »Entschuldigung, Frau Balusch, was ich Ihnen gesagt habe. Das war eigentlich ein Scheiß so. Weil: Eigentlich haben wir viel gesprochen, das war nicht gute Worte, es tut mir leid, Entschuldigung. Ich bin auch schockiert jetzt momentan, also: Eigentlich wir haben schon viel mal gesprochen und glaube ich, also: Wir passen nicht miteinander zusammen zu arbeiten!«

Süß. Aber zurück zu André Getty und dem Postident-Verfahren am Samstag, 16 Uhr.

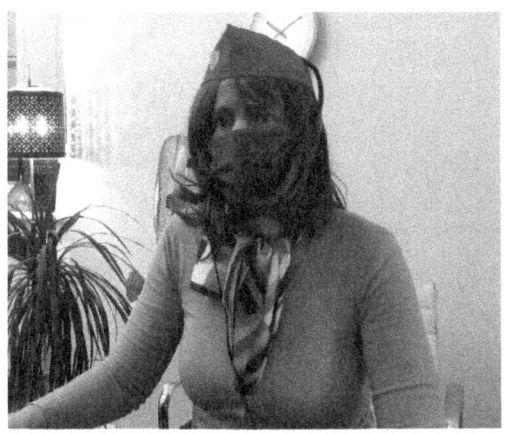

Ich, in meinem Wohnzimmer, mit Perücke, Logo-Hütchen, Coronamaske und Headset an einem Schreibtisch mit Globus und Palme. Das war das Bild, das mein Computerauge dem Getty in den Balkan schicken würde.

Kaspar saß außerhalb des Bildausschnitts auf dem Sofa, überwachte die Aktivitäten auf der Webseite; und Marion, meine Regisseurin, die mir immer wieder beim Aushecken und Dokumentieren geholfen hatte, saß auf der anderen Seite als Coach, emotionaler Support, Souffleuse, Ton- und Kamerafrau zugleich. Keiner von uns dreien glaubte wirklich daran, dass der Mann sich pünktlich zum verabredeten Zeitpunkt bei der Cayman Trust Bank einloggen würde.

Kaspar: Jetzt ist er drin!

Der IKEA-Effekt! Wenn jemand (z.B. André Getty) glaubt, ein Unterfangen sei auf dem eigenen Mist gewachsen, zweifelt er nicht an der Glaubwürdigkeit. Ich aktivierte meine Kamera.

Ich als Cayman-Trust-Mitarbeiterin: Good morning, Sir!
[Guten Morgen!]
Verbrecher: Hello!

Dann sah ich ihn:
Ein durchtrainierter Mann in seinen Vierzigern, Jogginghose, dunkle nach hinten gegelte Haare, Dreitagebart, auf einem Stuhl in seiner Küche. Er sah aus wie ein Verbrecher, der sein eigenes Klischee lebt. Gruselig war für mich die Nähe, die durch den Video-Livestream entstand. Ich sah ihn, er sah mich. Der Verbrecher guckte in mein umdekoriertes Wohnzimmer.

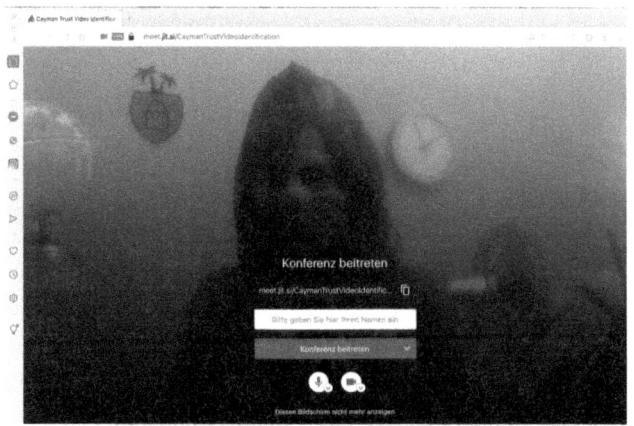

Ich als Cayman-Trust-Mitarbeiterin: Thank you for waiting.

    [Danke für Ihre Geduld.]

Verbrecher: No problem!

Ich als Cayman-Trust-Mitarbeiterin: I will take you through the identification process now. Did you bring your ID Card?

    [Ich führe Sie jetzt durch den Identifikationsprozess. Haben Sie Ihren Ausweis mitgebracht?]

Verbrecher: My ID?

    [Meinen Ausweis?]

Na ja, das wäre der Sechser im Lotto, dachte ich, aber er wird mir ja kaum wirklich …

Verbrecher: It's a passport.

    [Es ist ein Reisepass.]

Im Schnelllauf: Er zeigte mir seinen (echten) Pass, ließ mich diesen fotografieren, bedankte und verabschiedete sich.

Es war mir durch das geschickt eingesetzte Zusammen-
spiel verschiedener autodidaktisch erlernter Ermittlungs-
und Manipulationstechniken gelungen, den Täter zu
schnappen. Was ausblieb, war die Euphorie.

Warum ich mich nicht freute, sondern zweifelte, haben
wir in meiner Radioserie eine volle Episode lang mithilfe
von Spätiverkäufer Arian (dessen Eltern aus dem Kosovo
kommen), Soziologe Harald Welzer und der Gefängnisdirektorin Anke Stein kritisch beleuchtet.[24] In diesem Buch
reicht der Platz für den ausführlichen Diskurs um Rassismus, soziale Ungerechtigkeit, fehlende Lebenssicherheit in
fernen Ländern und die Unzulänglichkeiten des deutschen
Strafvollzugs nicht aus. Die Ultrakurzversion: Harald Welzer sah in der Konstellation ein Abbild der globalen Ungerechtigkeit. Spätiverkäufer Adrian erklärte wiederum die
Akzeptanz dieser Ungerechtigkeit mit globalem Rassismus. Gefängnisdirektorin Anke Stein fand, dass der Getty
trotzdem nicht betrügen dürfe. Mein plötzliches Zweifeln und die allgemeine Empathie für den Täter teilte sie
nur bedingt, da man auch von »André Getty« (den echten Name verrate ich nicht) erwarten könne, dass er ka-
piere, was er seinen Opfern antue. Meine Erika Mittel war
nur eine erfundene Figur mit einem Fake-Bankkonto und
hatte keinen Schaden genommen, aber ein echter Mensch
mit einem echten Bankkonto wäre von ihm skrupellos angegriffen und bestohlen worden.

»Wenn das jemand mit seiner Mutter täte«, sagte Gefängnisdirektorin Stein, »dann würde er es einsortieren.« Dass

---

24 Product Placement: ARD Audiothek / Böser Wolf am Telefon, Episode 7 – am besten vorher E 1–6 hören.

eine Haftstrafe nicht immer die ideale Antwort sei, sei ihr klar, aber ein besseres Konzept zur Resozialisierung und zum Opferschutz sei ihr leider nicht bekannt. Wenn ich eine Idee habe – her damit!

Arian gab mir noch verklausuliert mit auf dem Weg, dass so ein Täter einer Hobbydetektivin auch mal die Fresse polieren könne, was Anke Stein hingegen für unwahrscheinlich hielt. Der regelmäßige Betrug sei ein Geschäftskonzept. Jeden verprügeln, der einen anzeigt, führe nirgends hin. »Warum sollte man jetzt eine persönliche Ebene betreten, wo man doch eigentlich noch auf der wirtschaftlichen ist?«

Ganz ehrlich: Die ganze Diskussion hatte die Situation für mich nur komplizierter gemacht.

 MEMO

 Wenn man den Täter hat, hört der Spaß auf.

Eine Hobbyermittlerin ist nicht die Polizei. Sie macht sich Sorgen.

◇ **Jeder Täter kann kapieren, was er seinen Opfern antut.**

Denkspiel: Wenn er sich vorstellt, dass es jemand seiner Mutter antäte …

Jetzt konnte ich es nicht mehr verdrängen: Ich trug die Verantwortung für die persönliche Zukunft des Täters und natürlich auch oder insbesondere für dessen potenzielle Opfer, welche zu schützen sind. Aber den Täter der Staatsanwaltschaft übergeben? Das war mir zu peinlich. Bin ich Micky Maus? Nein.

Nach längerem Abwägen entschied ich mich für eine Botschaft der Cayman Trust Bank mit Tiefgang. Eine sonore weibliche Computerstimme sollte ihn nicht der Polizei zuführen, sondern ins Gebet nehmen. Ein letztes Mal bei ihm anrufen …

Betrüger alias André Getty: Hallo?

Roboterstimme meines Computers als Cayman-Trust-Dialog-System: Lieber Kunde. Dies ist Cayman Trust International Bank.

Wegen betrügerischer Handlung gegenüber einer unschuldigen alten Dame wird unser System die von Ihnen beantragte Auszahlung nicht vornehmen. Cayman Trust Bank wird Ihre Personalien vertraulich behandeln, behält sich jedoch das Recht vor, diese nach Bekanntwerden einer weiteren Straftat oder eines Straftatversuchs an die entsprechenden europäischen Behörden weiterzuleiten.

Außerdem möchten wir Ihnen Folgendes mitteilen: Wir verurteilen die globale Ungleichverteilung der Chancen auf Bildung und Wohlstand. Wir haben auch Verständnis für existenzielle Sorgen und Abhängigkeiten. Dennoch trauen wir Ihnen mehr Mitgefühl und Phantasie zu, wenn es darum geht, sich vorzustellen, welches Leid Sie als Täter Ihren Opfern zufügen. Stellen Sie sich vor, es wäre Ihre eigene Mutter!

Zielscheibe ihres Betrugs und Ihrer Bedrohung wäre Ihre Mutter!

Dann könnten Sie es ganz bestimmt einordnen.

Danke. Und auf Wiedersehen.

Ach so, ja. Eine leere Drohung ist das nicht. Die Passkopie liegt auf mehreren Festplatten mehrerer Personen und kann bei Bedarf an alle echten Ermittlungsbehörden verschickt werden.

SCHOCKANRUF & SCHAM

Die ganz falsche Ecke

Meine Freunde wissen, dass ich Betrugserlebnisse sammele und jederzeit mit Rat und Tat zur Verfügung stehe. Enno*, ein befreundeter Keramikkünstler, leitete mir darum die Spam-Mail einer nie gehörten Stiftung weiter, die ihn nach Skandinavien zu einer nebulösen Keramikpreisverleihung einladen wollte. Für die Planung seiner Anreise wurden persönliche Daten erfragt. Mit wenigen Recherche-Handgriffen konnte ich feststellen, dass das in englischer Sprache verfasste Schreiben, in dem es von Rechtschreibfehlern nur so wimmelte, echt war. Er hatte einen renommierten finnischen Kunstpreis gewonnen.

Neulich kreuzte ich die 15-jährige Mina*, Tochter meines Freundes Jopp*, den ich leider selten treffe, weil er als Topjurist und mehrfacher Familienvater selten zu haben ist.
»Hey Mina, wie geht's?«
»Ach, Caro, hallo, das ist ein Zufall. Ich wollte dir schon lange was erzählen.«
»Mir?«
Die Geschichte war sensationell: Ein Anruf mit Schockeffekt. Und das in einer Zeit, als Staatsanwaltschaften &

---

* Reminder: Alle Namen mit * wurden geändert.

Medien den »Schockanruf« noch nicht zum Scrabble-tauglichen Alltagsbegriff erhoben hatten.

Es war laut Mina so: Ihr Vater sei alleine zu Hause gewesen, als das Telefon klingelte. Am anderen Ende ein schluchzendes Mädchen, die so was sagte wie: »Papa? Ich bin's. Es ist was ganz Schlimmes passiert.« Die Stimme habe exakt so geklungen wie Mina, es müsse sich also um einen Deep Fake gehandelt haben, welcher sich – »das sagen alle«, betonte Mina – kinderleicht mithilfe von Stimmschnipseln aus gehackten WhatsApp-Accounts zusammensetzen lasse. Minas Deep-Fake-Stimme habe unter Tränen herausgepresst, dass sie in Untersuchungshaft sitze. Ein sozialkompetenter Polizist habe danach die Gesprächsführung übernommen und Jopp vorsichtig davon in Kenntnis gesetzt, dass Mina als Fahrradfahrerin einen Unfall verursacht habe. Das Unfallopfer, eine schwangere Frau, sei infolge des Zusammenstoßes gestorben. Um Möglichkeiten zu sondieren, wie man die von der Schuld traumatisierte Jugendliche aus der Untersuchungshaft entlassen könne, wurde eine Kautionszahlung in Höhe von 60 000 Euro ins Spiel gebracht. Jopps Bereitschaft zur Zahlung war da, nur lag so viel Geld nicht in der Küchenschublade. Was tun? Genau in diesem Augenblick klapperte es an der Haustür, und Mina, die wegen Stundenausfalls früher als geplant von der Schule heimgekommen war, spazierte ins Zimmer: »Hallo Papa!« – »Huch?!« Doppel-Mina. Der Polizist legte auf. So erst mal.

Es stimmt, dass die KI inzwischen Erstaunliches leistet. Meine Freundin Tina Haseney hat gerade für ihre Bachelorarbeit eine Studie mit etwa 3000 Proband:innen durchgeführt, in der sie nachweist, dass eine gut trainierte KI

den Menschen allemal foppen kann.[25] Aber im Fall Mina &
Jopp soll noch eine Schippe draufgelegt worden sein: Ein
WhatsApp-Profil sei gehackt worden und mit den Sprach-
nachrichten-Schnipseln der Schülerin Mina ein Echtzeit-
Voice-Cloning-Programm so trainiert, dass die ausgege-
bene Stimme wie die echte Mina klang. War das wirklich so?
Als ich Jopp wenige Wochen später bei einer Party traf,
nahm ich ihn beiseite: »Der Schockanruf mit dem Voice-
Cloning, Jopp! Was war *das* denn?« – »Ach, Caro, da kann
ich jetzt gar nicht drüber sprechen. Ich bin immer noch
traumatisiert.« – »Ist die Polizei denn jetzt da dran?« –
»Nicht so richtig. Nein.« Er öffnete sein Bier, ohne zu mer-
ken, dass es auf den Boden schäumte. »Du, das ist doch alles
auch so peinlich für mich. Eine Kautionszahlung für eine
unvorbelastete 15-Jährige. Die darf man doch nicht in der
Untersuchungshaft festhalten. Dass ich das geglaubt habe!
Als hätte ich im Studium nicht ganz genau gelernt, wie so
was abläuft.« Sein Beschämen nahm mehr Raum ein als die
Mission, den Betrugsversuch mit polizeilicher Hilfe zu ver-
gelten oder die Allgemeinheit zu warnen. Immerhin versprach er mir für irgendwann später ein Telefonat.

Kurz darauf erzählte mir Marion, die Regisseurin unserer
Caro-ermittelt-Radioserie, von einem vergleichbaren Fall in
ihrem Freundeskreis: Volker*, ein Versicherungskaufmann
und Leiter für philosophisch-politische Kurse, wurde angerufen, weil seine erwachsene Tochter einen schlimmen Unfall gebaut hatte. Er soll sogar den Gang zur Bank gemacht
haben, um die Kaution abzuheben.

---

25 Tina Haseney, Bachelor-Arbeit Universität Potsdam 2023: »Wie
   Menschen KI-Audio und menschliche Audio unterscheiden«.

Und dann trat Henning Scherf, Alt-Bürgermeister der Hansestadt Bremen, an die Öffentlichkeit, weil auch er Opfer eines sogenannten Schockanrufs geworden war und sich wie Volker zur Bank begeben hatte, um die Kaution abzuheben. Henning Scherf hatte sich jedoch – anders als Jopp und Volker und vermutlich unzählige andere – entschlossen, seine eigene, durchaus peinliche Naivität öffentlich zu machen. Er riskierte heldenhaft den Gesichtsverlust, um zukünftige Opfer zu warnen und bereits Geschädigte zur Anzeige zu ermutigen.

Ich bat Marion, mir ein Gespräch mit Volker zu vermitteln, und schickte Henning Scherf, der wohlgemerkt in Bremen ja nicht nur Bürgermeister gewesen war, sondern auch *Justiz*-Senator, eine Interview-Anfrage. Beide Tatopfer sagten mir zu.

In diesen Wochen gab es in den Medien viel über solche Schockanrufe zu lesen. Die Polizei hatte eine große Aufklärungskampagne gestartet, um jedem Bürger und jeder Bürgerin den immer gleichen Lügenplot hinter die Ohren zu schreiben: Eine eng stehende Person soll einen tödlichen Unfall verursacht haben und sitzt darum in U-Haft. Gegen Bar-Kaution soll sie auf freien Fuß kommen. Wer das Geld abhebt und sich damit auf den Weg macht, wird abgefangen, das Geld ist dann weg. Die Polizei ermittelte damals mit einer multinationalen, Ländergrenzen überschreitenden Sondereinheit und soll inzwischen auch eine Vielzahl von Tätern und Täterinnen geschnappt haben.[26]

---

26 https://polizei.nrw/presse/telgte-ahlen-ermittlungserfolg-nach-schockanruf-taeter-ermittelt-und-festgenommen

Was für mich jedoch noch nicht ausreichend aufgedeckt wurde: Wieso fällt jemand wider besseres Wissen auf einen solchen Trick herein?

Dieser Frage wollte ich in einer empirischen Mini-Hobby-studie nachgehen. Teilnehmer: drei Tatopfer. Immerhin.

Sozioökonomische Klassifizierung: alle drei männlich, alle drei Akademiker, 50–85 Jahre alt, überdurchschnittlich intelligent und gebildet, alle drei sind nette Menschen mit regem Sozialleben.

Ich suchte erst mal nach den Überschneidungen in ihren Schockanruf-Erlebnissen, um ein Script des Schockanruf-Konzepts zu rekonstruieren.

Schockanruf-Script / Tathergang

» Das Telefon klingelt.

Jopp geht dran und sagt (ungefähr): »Josef Barth*.«
Volker meldet sich (ungefähr) mit: »Hallo, hier Volker Dräger*.«
Henning geht dran und sagt (wahrscheinlich): »Scherf?«
Am anderen Ende meldet sich entweder ein Polizist oder eine Polizistin oder ein Staatsanwalt, um einleitende Worte vorwegzuschicken oder man hört sofort die Stimme einer schluchzenden weiblichen Person.

» Eine Frauenstimme schluchzt verzweifelt ins Telefon.

Um diese weibliche Person geht es. Ihre Stimme ist wahrscheinlich *nicht* KI-generiert. Woher ich das wissen will?

Weil es inzwischen Berichte von Angerufenen gibt, die am Telefon von so einer schluchzenden weiblichen Stimme als »Papa« angesprochen wurden, obwohl sie keine Tochter hatten.[27] Ich denke, die schluchzende Schauspielerin ruft eine Nummer nach der anderen an, bis sie eine Person erwischt, die die Stimme zu erkennen glaubt.

Zu Jopp sagt die Frauenstimme (ungefähr): »Papa. Es ist was ganz Schlimmes passiert.« Jopp glaubt, ganz eindeutig die Stimme seiner Tochter zu erkennen.
Zu Volker sagt sie (ungefähr): »Ich bin's. Ich hab einen Unfall gebaut.« Volker meint, die Stimme seiner Tochter Stella* zu erkennen, bemerkt aber auch, dass sie etwas anders spricht als sonst.
Zu Henning sagt die Frauenstimme (ungefähr): »Ich bin's. Deinem Sohn ist etwas Schlimmes passiert!« Er meint, seine Ex-Schwiegertochter Uta* zu identifizieren, mit der er regelmäßig, aber selten spricht.

» Die Angerufenen identifizieren die Stimme als eine nahestehende Person.

Meine drei Interviewpartner konnten den genauen Wortlaut des Gesprächs nicht mehr erinnern, waren aber davon überzeugt, dass die Täter zu ihrer persönlichen Situation vorrecherchiert hatten, da sie einige Eckdaten zu

---

27 Das Schweizer Boulevard-Blatt BLICK hat sogar eine solche Tonspur veröffentlicht: www.blick.ch/video/das-gespraech-in-voller-laenge-mit-diesem-anruf-sollte-johnny-lopez-hereingelegt-werden-id18505084.html.

kennen schienen. Ich kann das nicht ausschließen, aber ich glaube, dass das nicht der Fall war. Es ergibt aus meiner Sicht überhaupt keinen Sinn, dass die Täter trotz Vorrecherche auf einen promovierten Juristen wie Jopp oder auf Bremens ehemaligen Bürgermeister und Justizsenator abzielen würden. Beide müssten sich mit Kautionsregelungen eigentlich gut auskennen.

Ich vermute eher, dass die Täter die Informationen im Gespräch hervorkitzelten und »zwischen den Zeilen« lasen. Sie erweckten durch geschicktes Wiederholen von Namen und Orten oder sonstigen Umständen den Eindruck, als hätten sie diese schon gekannt. Das ist die sogenannte »Cold-Reading-Technik«, die auch begabte Zauberer und Wahrsagerinnen einsetzen.[28]

Weinend presst die Frau heraus, dass es einen Unfall gab. Allerdings fällt es ihr ob der Verzweiflung schwer, klar zu artikulieren. Ihre Stimme ist schon allein dadurch verändert, dass sie verzweifelt schluchzt. Das verschafft den Tätern Spielraum. Es genügt eine *ähnliche* Stimme.

Irgendwann übernimmt ein Polizist, eine Polizistin oder ein Staatsanwalt und liefert weitere Informationen.

》 Die Verzweifelte weint und schluchzt, bis ein:e Vertreter:in der Polizei oder Staatsanwaltschaft übernimmt.

Jopp

erfährt, dass seine Tochter Mina mit dem Fahrrad eine schwangere Frau totgefahren hat.

---

28 Darüber schreibt zum Beispiel Timon Krause in seinem Buch »Kennen wir uns?«, Campus Verlag, Frankfurt 2020.

Volker

wundert sich, dass seine Tochter Stella verändert spricht, und akzeptiert die Erklärung, dass sie sich bei dem Unfall am Mund verletzt hat. Er erfährt, dass Stella mit dem Auto eine Mutter mit Kind angefahren hat. Das Kind war sofort tot. Die Mutter schwebt in Lebensgefahr.

Henning

erfährt von der vermeintlichen Uta, dass sein Sohn Karsten* eine Mutter von zwei Kindern totgefahren hat.

» Der/die Unfallverursacher:in hat mindestens ein Menschenleben auf dem Gewissen.

Was mir in den Berichten von Jopp, Volker und Henning sofort auffiel, waren die Gedankenexplosionen, die der Anruf gezündet hatte. Bei allen drei Opfern hatte diese »Explosion« etwas mit einer persönlichen Vorgeschichte und privaten Ängsten zu tun, die die Täter beim besten Willen nicht kennen konnten.

Jopp erzählte mir, dass sein erster Gedanke war: »Jetzt ist es geschehen. Mina fährt ja immer mit dem Fahrrad wie die gesengte Sau. Echt. Jedes Mal, wenn wir zusammen Fahrrad fahren, sehe ich den Unfall vor mir. Ich warte nur drauf. Dass sie in jemanden reinfährt, war für mich total glaubhaft.« Und dann kam für ihn ein ganz schlimmer Gedanke dazu. Ihm war klar, dass Mina von dieser Schuld erdrückt wird. Und dass das tragische Ereignis nicht nur sie, sondern alle betrifft, die ganze Familie. »Das war ein unbeschreiblich schreckliches Gefühl«, sagte Jopp. »Jetzt ist unser unbeschwertes schönes Familienleben vorbei.

Für immer. Mit einer solchen Schuld wird man ja seines Lebens nicht mehr froh.« Jopp fühlte sich schwach. Und folgsam.

Volker wurde von dem Anruf in einer Phase seines Lebens erwischt, die bereits von Tod geprägt war. Er hatte vor nur einem Jahr seine Frau verloren, die er innig geliebt hatte. Er war sich noch gar nicht sicher, ob und wie er es ohne sie aushalten konnte. So wie er seine Frau verloren hatte und unendlich vermisste, hatte seine Tochter Stella ihre Mutter verloren. Am besagten Tage hatte Stella eine längere Autofahrt nach Süddeutschland angetreten und hätte beinahe schon am Ziel sein sollen. Wie der Zufall es so wollte, hatte der vermeintliche Polizist, der die Gesprächsführung übernommen hatte, einen süddeutschen Einschlag. Für Volker schuf dieser Zufall eine zusätzliche Glaubwürdigkeit. Niemand außer den engsten Freunden hätte von dieser Reise wissen können.

Seine emotionale Reaktion auf den Anruf war eine hohe Woge: »Das verkraftet Stella nicht«, dachte er. »Das ist zu viel für sie.« Und für ihn auch. »Das schaffen *wir* nicht.« Als die (vorgespielte) Polizei behauptete, dass man Stella vor Ort als selbstmordgefährdet einstufe, brach die Verzweiflung sich Bahn. Seine engste ihm noch verbliebene Vertraute schwebte in Gefahr. Alles, was von nun an gesagt wurde, glaubte und befolgte Volker. Er vertraute den behördlichen Autoritäten und ließ sich von ihnen durch die Krise navigieren.

Bei Henning wurde ein anderer Text ausprobiert. Die aufgelöste weibliche Person schluchzte: »*Dein Sohn* hat eine

Frau totgefahren!« Die Erfahrung, dass seine Schwiegertochter Uta (für die er die Stimme hielt) ihn in größter Verzweiflung anruft, weckte Hennings Erinnerung an eine Erfahrung aus der Vergangenheit. Damals hatte Uta in einer Stunde größter Not bei ihm angerufen. Ihr damals 15-jähriger Sohn, also Hennings Enkel, hatte »eine Mutprobe für seine Gruppe gemacht« und war auf eine fahrende Bahn gesprungen. Bei dieser Fahrt war er mit einem Hindernis kollidiert.

»Genau im gleichen Ton und mit der gleichen Hilflosigkeit hatte sie damals angerufen. Es gibt Zeitungsbilder, wo der Junge […] von dem Wagen runterrutscht, als der Zug anhält. Er kam sofort in die Universitätsklinik und sie haben ihn durchgebracht. Im Nachhinein denke ich: Wie konnten die wissen, dass ich so was Ähnliches schon mal erlebt habe?«

Ich denke, Hennings Täter wussten nichts von der Familienhistorie. Sie hatten einfach Glück. Die Erinnerung an das schreckliche Erlebnis aus der Vergangenheit versetzte Henning wahrscheinlich sofort in einen düsteren Zustand des Ausgeliefertseins.

Was aus Hennings Sicht die Plausibilität erhöhte: Sein Sohn, der Unfallverursacher, fuhr selten Auto. Er konnte zwar ein Auto sicher manövrieren, hatte das eigene Fahrzeug aber zugunsten des Fahrrads abgeschafft. Wenn er also fuhr, was manchmal vorkam, dann mit einem Leihwagen, der sich - so reimte Henning sich das zusammen - vielleicht nicht so reibungslos steuern ließ. Nachdem Henning von seinen Gefühlen übermannt worden war, gab es für ihn nur noch ein Ziel: Helfen! Egal wie. Und schnell. Er verhandelte über die Höhe der Kaution und machte sich danach auf den Weg zur Bank, um 95 000 Euro abzuheben.

» Der Anruf schürt beim Angerufenen vorhandene Ängste oder weckt traumatische Erinnerungen.

Die starken Emotionen beeinträchtigen beim Angerufenen die Fähigkeit, logisch, umsichtig und eigenmächtig zu handeln. »Es ist der Schock, der einen blockiert«, beschrieb mir Henning Scherf seinen Zustand. »Und dann entwickelt sich aus dem Schock so eine Traumatisierung, dass man überhaupt gar nicht mehr an anderes denken kann, sondern sich nur noch darauf konzentriert: Da musst du jetzt durch, da darfst du jetzt nicht aufgeben. Dass du jetzt nicht aus dem Fenster springst! Jetzt musst du da versuchen, eine Lösung zu finden. Ich bin selbst beeindruckt, wie das funktioniert. Inzwischen bin ich hinweg über dieses Trauma. Ich träume nicht mehr davon.«

» Der Angerufene steht nun unter Schock.

Jopp/Volker/Henning werden über die Rechtslage aufgeklärt: Anschuldigung wegen fahrlässiger Tötung; wegen der besonderen Umstände und dem hohen zu erwartenden Strafmaß wurde Untersuchungshaft angeordnet.

» Noch ein Problem: Der Haftrichter hat wegen der Tatschwere Untersuchungshaft angeordnet.

Reality-Check: Die Anordnung einer Untersuchungshaft nach einem Verkehrsunfall mit Todesfolge ist zwar theoretisch möglich, bei bis dahin unbescholtenen Tatverdächtigen mit festem Wohnsitz und Familienanbindung allerdings ganz extrem unwahrscheinlich, insbesondere bei der minderjährigen Mina. Alle drei Männer wussten das eigentlich. Was man ihnen unter Schock aufquatschen konnte, würden sie im Normalzustand definitiv hinterfragen.

Die Fake-Polizei oder Fake-Staatsanwaltschaft menschelt nun. Die/der Unfallverursacher:in (also Tochter/Sohn) wirke traumatisiert und hilfebedürftig bis hin zu selbstmordgefährdet. Darum bemüht sich vor Ort ein ambitionierter Polizist oder Staatsanwalt um eine Aussetzung der Untersuchungshaft gegen Sicherheitsleistung. Es beginnen wohlwollende Verhandlungen über die Höhe der Kaution, welche bar zu übergeben ist.

» Die Polizei zeigt sich nun menschlich und vermittelt.

Theoretisch ist sogar auch das möglich: Das Ermittlungsgericht kann einer Aussetzung der Untersuchungshaft gegen Kaution im freien Ermessen zustimmen[29], und es könnte auch eine hohe Barzahlung vereinbart werden. Es ist allerdings auch wieder extrem unwahrscheinlich. Jopp, Volker und Hennig stehen jedoch so unter Schock, das sie nichts mehr hinterfragen. Sie verhalten sich wie ferngesteuert.

---

29 § 116 I Nr. 4 StPO: »(1) Der Richter setzt den Vollzug eines Haftbefehls, [...] aus, wenn weniger einschneidende Maßnahmen die Erwartung hinreichend begründen, daß der Zweck der Untersuchungshaft auch durch sie erreicht werden kann. In Betracht kommen [...] 4. die Leistung einer angemessenen Sicherheit [...]«. § 116 a II StPO gesteht dem Gericht eine Festlegung der Höhe nach freiem Ermessen zu.

» Der Angerufene zweifelt nicht. Er tut einfach das, was der Person in Not jetzt (vermeintlich) hilft.

Nach der Auseinandersetzung mit diesen drei Fällen denke ich: Jeder und jede kann durch seine oder ihre persönliche biografisch gewachsene Verletzlichkeit zum Opfer einer Straftat oder Verarschung werden. Alle drei Opfer, die ich interviewt habe, haben sich dafür geschämt. Der Grund für die Scham der Opfer ist, dass sie sich selbst die Schuld für ihre Gutgläubigkeit geben. Sie halten sich für dysfunktional. Das sind sie auch vorübergehend, aber nur weil sie mit hoher krimineller Energie bedroht wurden. Meine Kandidaten waren bereit, sich ausnehmen lassen, weil sie warme, empathische und verbindliche Menschen sind, die einer nahestehenden Person in Not helfen wollten.

Bevor ich die drei Schockanruf-Fälle auflöse, will ich mit einer harmlosen Anekdote belegen, wie bei mir selbst eine Sorge in Kombination mit dem richtigen Timing ein Einfallstor für Betrug bot:
Ich hatte eine Reise angetreten, die ich mir eigentlich gar nicht leisten konnte. Während ich versuchte, eine nackenschonende Liegeposition im schmalen Economy-Sessel der Boeing 707 zu finden, spürte ich, wie schwer die Kosten auf meinen Schultern lagen. Da fiel aus meiner am Frankfurter Flughafen eingesammelten *BILD*-Zeitung ein Gratis-Bingo-Schein auf den Boden. Ich hob ihn auf und rubbelte fünf Felder auf. Hauptgewinn! 5000 Euro! Das war mehr wert als Flug, Unterkunft, Essen und alle Vergnügungen zusammen. Mein Herz machte Freudensprünge; mir wurde schwindelig vor Glück. Von einer

Sekunde auf die andere genoss ich die dünne Luft, das trockene Sandwich, kuschelte mich in die fusselige Polyesterdecke und freute mich ungetrübt auf die vor mir liegenden Wochen. Vor Ort im Appartement angekommen, rief ich sofort meinen Partner, Kaspar an, da die Abholung des Gewinns mit dem Anrufen einer kostenpflichtigen Nummer verbunden war, die man nur von Deutschland aus erreichen konnte. Eine 0180er-Nummer, die bei mir normalerweise alle Alarmglocken klingeln lässt.

Kaspar: Soll ich da jetzt wirklich anrufen? Jetzt?
Ich: Ja, ja. Ruf an. Schnell!

Es gab natürlich keinen Gewinn. Alles Blödsinn und Getrickse. Hätte man gleich bemerkt, wenn man das Kleingedruckte auf der Bingospielkarte gelesen hätte. Aber der vermeintliche Gewinn war die Antwort auf meine zu diesem Zeitpunkt akute Sehnsucht nach einem Geldregen. Sind die großen Emotionen (in meinem Fall Freude) erst mal da, dann wird nicht mehr hinterfragt.

Zwischendrin: Tipps und Tricks

SCHOCK & OPFERSCHAM

Schock-Opfer sind »die Guten«

◇ Nette Optimist:innen sind die besseren Opfer!

Mitgefühl, Arglosigkeit, Gutgläubigkeit und die Begabung, logische Lücken kreativ zu schließen – all das spielt den Täter:innen in die Hände.

◇ Lieber Esel oder listiger Fuchs?

Sind Sie der Ansicht, Sie seien aus Idiotie auf jemanden hereingefallen? Na und? Das ist warm und menschlich. Oder wären Sie lieber der misstrauische Alles-Checker?

◇ Als Opfer sind Sie in bester Gesellschaft.

Zu den Hereingefallenen zählen Menschen aller Welten. Ein Opfer ist kein Außenseiter.

◇ Sich als Opfer outen macht groß.

Sie sind Opfer geworden und fühlen sich klein? Machen Sie es publik, dann werden Sie groß.

Gute Schwächen, schlechte Schwächen

◇ **Einfallstor für Betrug: Sehnsüchte, Ängste und Traumata**

Machen Sie sich bewusst, bei welchen Themen Sie überemotional werden. Werden diese berührt, besteht die Gefahr des Kontrollverlusts.

◇ **Egal, wie gewieft Sie sind: Der Schock killt den freien Willen.**

Jedem kann es passieren. Sind hohe Emotionen da, fährt der Verstand runter. Ein Fremder wird zum Hirten und Sie zum Schaf. Auch wenn Sie sonst gar nicht so sind.

◇ **Gehorsam birgt Gefahr.**

Ob es der Anlageberater ist, Broker Anton Wolf, ein Politiker, Ihre Mutter oder die Polizei: Bleiben Sie kritisch, haken Sie nach, holen Sie Zweitmeinungen ein.

Zurück zu den drei Schockanruf-Erlebnissen:

» Der Angerufene ist entschlossen zu zahlen.

Jopp, das habe ich anfangs schon erzählt, war willens, eine Kautionszahlung zu leisten. Er wurde aber beim Abwägen der entsprechenden Möglichkeiten unterbrochen, weil seine Tochter leibhaftig hereinspazierte.

Volker wollte nichts anderes mehr, als seine Tochter Stella auslösen. Die vermeintlichen Behördenmitarbeiter hatten ihm gesteckt, dass diese in Selbstmordgefahr schwebe. Ohne zu zögern, machte er sich auf den Weg zur Bank. Man hatte ihm unter Aufzählung ausgedachter Rechtsnormen noch eine Schweigepflicht auferlegt, die perfide überwacht wurde. Per Handy musste er eine Standleitung zum Fake-Rechtsanwalt seiner Tochter Stella aufrechterhalten, denn Stella hatte das Kind totgefahren, aber die Mutter nur lebensbedrohlich verletzt. Wenn die Mutter nun auch noch sterbe, so der »Rechtsanwalt«, ändere sich der Straftatbestand und das zu erwartende Strafmaß, womit die Kautionsvereinbarung hinfällig werden könne. Volker machte alles mit, er funktionierte wie ein Automat.
Bei der Bank angekommen und endlich auch am Kopf der Warteschlange, bat Volker seine Sachbearbeiterin darum, ihm 60 000 Euro auszuzahlen. »Sie müssen das nicht beantworten, aber darf ich fragen, wofür?«, sagte sie und sah ihm in die Augen. »Ich kann es Ihnen nicht sagen«, antwortete Volker beschämt, woraufhin die Sachbearbeiterin erneut seinen Blick abfing und einfach nur freundlich wartete. Stille. Dann brach Volker sein Schweigegelübde.

Die Sachbearbeiterin rief einen geschulten Kollegen dazu, der in wenigen Minuten sämtliche Details der Schocklegende widerlegte. Volker begab sich zur nächsten Polizeidienststelle, um dort Bericht zu erstatten und endlich seine Tochter anzurufen. Auf die Idee, deren Nummer zu wählen, war er bis dahin nicht gekommen. Einerseits wegen der befohlenen Standleitung, die sein Telefon blockierte, andererseits, weil er den Anweisungen der Bösewichte, denen er ja vertraut hatte, gefolgt war wie ein Jünger.

Henning Scherf machte sich ebenfalls auf den Weg zur Bank, mit dem Plan, 95 000 Euro abzuheben und danach den Umschlag, wie vereinbart, zu Fuß zur Justizkasse zu tragen. In der Bank angekommen, stellte er sich als anständiger Sozialdemokrat der alten Schule in die Schlange, statt als Alt-Bürgermeister eine Sonderbehandlung einzufordern. Sein politisches Leben lang hatte Scherf sich volksnah gezeigt. Er war Fahrrad gefahren, auf dem Markt einkaufen gegangen, hatte sich ansprechen lassen. Viele Bürger und Bürgerinnen der Stadt Bremen kannten und kennen ihn persönlich, und vielleicht deswegen bemerkten die Menschen in der Bankfiliale auch, dass der Bürgermeister Scherf a. D., den sie als lebhaften kommunikativen Menschen schätzten, ungewöhnlich stumm und bleich wirkte. Bleich und taumelig. Neben sich stehend.

»Dieses In-der-Schlange-Stehen, fand ich schon unerträglich«, erzählte Henning Scherf. »Und dann fragte mich so ein junger Mann, ich weiß nicht, so ein Praktikant: ›Was wollen Sie denn da? Kann ich Ihnen helfen?‹«

Aus Sicht dieses Praktikanten bestand vielleicht auch der

Verdacht auf Kreislaufkollaps oder Herzprobleme. Jedenfalls antwortete Henning Scherf, der sein Herz auf der Zunge trägt, dass er wegen einer belastenden Angelegenheit hier sei und 95 000 Euro an das Gericht zu bezahlen habe.

»Und in dem Augenblick kam eine total nette Mitarbeiterin der Sparkasse, die mich kennt, seit Langem. ›Herr Scherf, kann ich Ihnen helfen? Kommen Sie mal her‹ und so. Und dann hat sie mich da so rausgeholt, aus dem Platz, wo die alle guckten: Was ist denn mit dem los? Ich war auch kurz vorm Heulen. Also, ich hatte schon Tränen in den Augen. Und dann hat sie ihre Freundin geholt oder liebe Kollegin, und diese beiden wunderbaren Frauen, die haben mich dann getröstet. Richtig umarmt. Und haben mir was zu trinken gegeben. Und dann haben sie gesagt: ›Das klingt alles so, als ob das ein Betrugsversuch ist.‹«

Sie bestanden darauf, Henning Scherfs Sohn auf seiner Arbeitsstelle anzurufen. Scherf junior hielt zu diesem Zeitpunkt als administrativer Geschäftsführer einer bedeutenden Forschungseinrichtung gerade eine große Sitzung ab, die sein Sekretariat nicht unterbrechen wollte. »Kann Herr Scherf Sie zurückrufen?« – »Nein!« Die Bank-Damen setzten sich durch. Scherf junior ging dran.

»Als ich seine Stimme hörte«, erinnerte sich Henning, »da fiel alles so richtig von mir ab, und ich dachte: ›O Gott, o Gott!‹ Und er hat mich dann getröstet und ist dann schnell wieder zurück in seine Sitzung.«

Unterdessen war die Polizei angerückt. Weil Henning Scherf auch mit über 80 noch mutig und tatendurstig war und ist, schlug er den Beamten vor, dass er sich höchstpersönlich als Lockvogel mit so was wie einer Plastiktüte voller Zeitungsschnipsel auf den Weg zur Justizkasse begebe. Verdeckte Ermittler sollten ihm folgen und die Bösewichte hochnehmen. Der Vorschlag wurde abgelehnt.

Man kann nachvollziehen, dass die Kripobeamten das Leben von Herrn Scherf für die Tatermittlung nicht einsetzen wollten. Andererseits hätte man auch einen Beamten mit grauer Perücke als Scherf verkleiden und auf die Straße schicken können. Nein? Ich kenne das Spektrum der Ermittlungsmöglichkeiten nicht, aber – bei allem Respekt vor sämtlichen echten Polizist:innen – spontan kreativ ist die Kripo, glaube ich, nicht.

So weit also meine kleine Hobbystudie zum Schockanruf.

Tipps und Tricks

! **ÜBERFALL PER TELEFON**

☐ **Wunderwaffen:
Skepsis und Indiskretion**

◇ **Polizei am Telefon?
Auflegen – zurückrufen.**

Natürlich können Sie Polizist:innen oder sonstige Behördenmitarbeiter:innen nach dem
Namen und der Dienststelle fragen, auflegen
und über die offizielle Nummer des entsprechenden Abschnitts zurückrufen. Wenn die Bullen sagen, das geht nicht, sind es keine Bullen.

◇ **Wer ist in Not? Wählen Sie als Erstes
seine/ihre Nummer.**

Bevor Sie helfend aktiv werden, wählen Sie die
Nummer der (angeblich) in Not geratenen Person. Wenn sie drangeht, hat es sich möglicherweise erledigt.

◇ **Sprechen Sie alternativ mit einer Person
Ihres Vertrauens.**

Wenn die angeblich notleidende Person nicht
drangeht, ist noch nichts bewiesen. Melden Sie
sich bei einer beliebigen Person Ihres Vertrauens und erzählen Sie dieser, was geschah.

Das gilt nicht nur für Schockanrufe, sondern auch für die berühmten Hallo-Mami-SMS und sonstige angebliche Schicksalsschläge Ihrer Freunde und Verwandten, die Ihnen über Eck mitgeteilt werden. Erst einmal die altbekannte Nummer probieren und wenn die nicht drangeht, eine Vertrauensperson mit einbeziehen!

◇ **Ausplauderpflicht sticht Schweigepflicht.**

Absolute Schweigegebote sind selten gerechtfertigt. Wenn Ihnen etwas widerfährt (in diesem Fall Schockanruf), das Sie überfordert, dann sprechen Sie mit jemandem drüber. Selbst wenn Sie versehentlich *top secret* Informationen preisgäben – die Konsequenzen wären überschaubar.

◇ **Fangfragen bereithalten.**

Stellen Sie Fangfragen, die ein Lügner falsch beantworten wird:
»Hat er sein Insulin dabei?« / »Mit dem Porsche oder mit dem Panda?« / »Wo sind die Hunde jetzt?« / »Ist die Harfe noch ganz?« Am besten jetzt schon mal Fangfragen überlegen, damit sie im Notfall zur Hand sind.

◇ **Jetzt dürfen Sie sich entspannen!**

Da Sie sicherlich all diese Tipps und Tricks beherzigen werden, kann Ihnen nichts mehr passieren.

TÄUSCHUNG UND ENTTÄUSCHUNG IN DER WERBUNG

Ein Pillenverkäufer spielt verrückt – Teil 1

Der Fall *Rosenbaum* nahm seinen Anfang in der Schweiz. Dort lebt nämlich meine Schweizer Schwiegermutter, genannt *Nana*.

Nana ist, seit wir uns kennen, mein Zerrspiegel. Mit ihrem ganz eigenen konservativen, sparsam-ökologischen, kapitalismuskritischen Lebensstil rückt sie mich regelhaft in eine Ecke der Scham. Sie flickt ihre Küchenhandtücher aus den 1950er-Jahren; verwendet Frischhaltefolie mehrfach; setzt neue Medien nur als Mittel zum Zweck ein; produziert dank Einkauf im Unverpackt-Laden und Gemüse-Selbstanbau nicht mehr als einen Liter Müll pro Woche und gibt keinen unnötigen Cent für sinnlose Dinge aus, die einen sowieso nicht glücklich machen. Mich lässt sie dadurch – ohne Worte – aussehen wie eine konsumsüchtige Umweltsau. Bin ich auch. Aber nur im Vergleich mit ihr.

Um das Hedonismus-Gefälle zu verringern, halte ich stets nach Dingen Ausschau, die sie *eigentlich* auch nicht bräuchte. Die bunt bedruckten Papierservietten? Ein Geschenk. Mayonnaise in der XL-Alu-Tube – gab's im »Abverkauf«, weil die Mindesthaltbarkeit überschritten war. Der neue Kaschmirpulli, in Bangladesch produziert? Geerbt, von einer lieben Freundin aus dem Dorf. Aber dann sah ich bei meinem Besuch im letzten Sommer auf der Biedermeierkommode einen kleinen bräunlichen, halb durchsichtigen Behälter mit Wunderkapseln, nach dem ich argwöhnisch griff, um ihn eingehend zu betrachten. Keine lebensnotwendigen Herz- oder Verdauungspillen, sondern das Nahrungsergänzungsmittel *Ginkgo+Komplex* der Firma *Rosenbaum-Forschung*. Braucht man das? Woher kommen die Rohstoffe? Es könnte sich um ein überflüssiges Konsumprodukt handeln.

»Sie sollen gut für das Gehirn sein«, sagte Nana. »Ich meine, dass ich mich wacher fühle, wenn ich sie nehme. Sie schicken es auch alles ins Haus, dann muss ich nicht zur Apotheke laufen. Es gefällt mir nur nicht, dass man sie im Abonnement bezieht.«

Ginkgo-Kapseln im *Abonnement* hörte sich so schleppermäßig an wie das Deutsche Bahncard-*Abo*.[30] Wie hatte ausgerechnet dieses Ginkgo-Kapsel-Abo es geschafft, durch Nanas Anti-Konsum-Mauer zu brechen? Sie wies mit ihrem sonnengegerbten Schweizer Zeigefinger auf einen Stapel Papier, obenauf lag das Magazin: *vital & gesund*.

»Du kannst es nachlesen, bevor die Beige [schwyzerdütsch für Stapel] dort ins Altpapier geht.« Sie schlurfte aus dem Zimmer Richtung Mittagsschlaf, während ich den Papierstapel sichtete.

Bei den meisten Papieren handelte es sich um Briefe und Flyer: Spendenaufrufe von Non-Profit-Organisationen wie dem lokalen Nutzpflanzenverein oder einem Brunnenbauprojekt in Benin; ein Sonderangebot für hautfarbene Gesundheitsschuhe aus gestepptem Leder mit praktischem

---

30 Das sich automatisch verlängert, obwohl das niemand will.

Reißverschluss statt Schnürsenkeln (die sich als Archetyp des zeitlosen Oma-Looks in mein Gehirn brannten), Werbung für Bildungsreisen, elastische Hosen mit Schurwolleanteil. Typische Alten-Anzapf-Post, seniorengerecht voll analog. Das Print-Magazin *vital & gesund* entpuppte sich beim Durchblättern als das vom PStein-Verlag Türkheim herausgegebene Hausmagazin der *Rosenbaum-Forschung,* das war der Fabrikant besagter Ginkgo-Kapseln.

Ich erfreute mich an wissenschaftlich anmutenden Artikeln zum Titelaufmacher »Vergesslich?«, die jeweils darauf abzielten, dass man Gedächtnisschwächen mit Rosenbaum-Produkten behebt, so auch der vollständig abgedruckte Leserbrief von Sabine K. aus Zürich-Wiedikon: »Oma ist wieder fit wie ein Turnschuh.«

Sabine K. schildert darin eindrücklich, wie die »Oma«, Sabine K.s Mutter, 40 Jahre als Kassiererin gearbeitet habe und nebenbei Kinder und Enkel umsorgte. Doch dann, mit fortschreitendem Alter, baute sie ab und wurde schusselig. Eines Tages wusste Oma nicht mehr, ob sie ihre Tagesration Herzpillen schon genommen hatte oder nicht. Als Sabine K. dann noch bemerkte, wie Oma die Ausgabe ihres Lieblings-Rätselhefts versehentlich zweimal kaufte, schrillten die Demenz-Alarm-Glocken. Auf der Suche nach Therapiemöglichkeiten stießen die Frauen auf die *Ginkgo+Komplex-Kapseln* der Firma Rosenbaum. Nach nur wenigen Wochen »*Ginkgo-Kur*« zeigte die Fitnesskurve nach oben: Oma knackte wieder komplizierte Sudokus. Schon bald war sie »ganz die Alte, nur jünger«.[31]

Es gab auch ein Foto von Sabine K. mit ihrer Mutter, der fitten Oma, und eins von Oma alleine. Ich holte meinen Laptop aus dem Nebenzimmer und schaute spaßeshalber nach, ob dieses Bild noch irgendwo anders in der Internetwelt auftauchte. Tat es.

31 Magazin *vital & gesund* – »Vergesslich? Wie Sie Ihr Gehirn fit halten«, Herbst 2022, PStein Verlag, Türkheim.

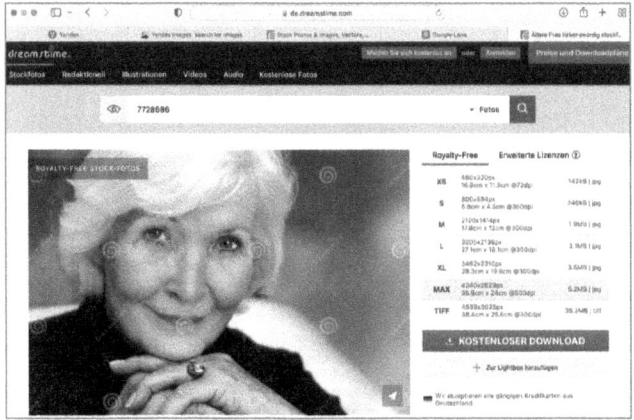

Das Foto stammte von einer Stockfotoagentur-Seite, wo es unkompliziert gegen kleines Geld heruntergeladen werden konnte. Es wurde auch für die Bewerbung anderer Firmen genutzt, zum Beispiel eines Stuttgarter Bestattungsinstituts oder eines amerikanischen Keramikmedaillon-Herstellers.[32]

---

32 www.amazon.com/Bobs-All-Italian-Headstone-Pictures/dp/
B095NGBG34?th=1

Ich blätterte mich weiter durch das Magazin *vital & gesund*, in dem auch über die Preise der Ginkgo-Abos und die Zusammensetzung der Kapseln informiert wurde: 30 Stück für 74 Franken; beim 3- oder 6- oder gar 12-Monats-Abo gab es immerhin bis zu 40 % Rabatt. Eine Kapsel enthielt 240 mg *Ginkgo-Biloba-Blatt-Extrakt*, 120 mg sibirischen *Ginseng-Extrakt* und weitere Inhaltsstoffe wie zum Beispiel 60 mg koffeinhaltiges *Guarana* und 40 mg *Theobroma*-Kakao-Extrakt. Allein das Guarana mit dem Kakao-Extrakt entspräche wohl ungefähr einem Vierteltässchen Kaffee plus ein Ministück Schokolade.[33] Waren das die Wachmacher, von denen sich Nana nach der Einnahme belebt fühlte? Denn, ob die kostbaren Ginkgo- und Ginseng-Extrakte in der verwendeten Dosierung überhaupt eine Wirkung haben, war keinesfalls eindeutig, wenn man sich – so wie ich: oberflächlich und ungeduldig – durch die verschiedenen Studienpublikationen auf www.researchgate.net zappte.

Bei Ginkgo war die Datenlage dünn, Tendenz: wenig wirksam. Die Einnahme von Ginseng könnte einen blutverdünnenden Effekt haben, vielleicht sogar demenzielle Verschlechterungen und die Beschwerden bei Tinnitus mindern. Allerdings wurde in den meisten wissenschaftlichen Ginseng-Studien eine deutlich höhere, nämlich etwa fünf- bis zehnfache Dosierung eingesetzt als bei *Ginkgo+Komplex*. Auf die Qualität des Ginsengs und die

---

33 https://hannoversche-kaffeemanufaktur.de/wie-viel-koffein-hat-eine-tasse-kaffee/ oder /www.efsa.europa.eu/de/corporate/pub/efsaexplainscaffeine150527 oder www.bzfe.de/lebensmittel/vom-acker-bis-zum-teller/kaffee/kaffee-gesund-trinken/

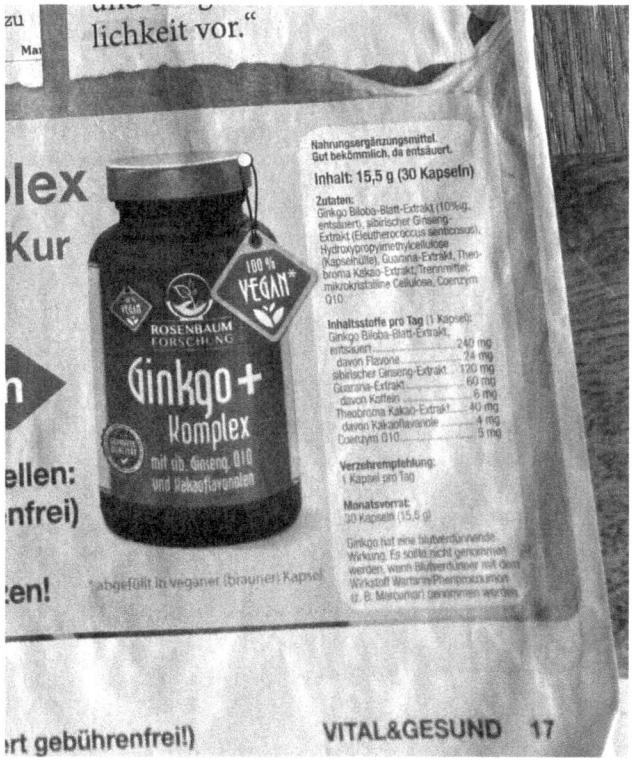

Konzentration des Extrakts kommt es auch noch an. Ein unsicheres Terrain also, auf dem sich – das muss ich der Gerechtigkeit halber erwähnen – auch andere Hersteller von Ginkgo- und Ginseng-Produkten bewegen. Funfact: Ein Nahrungsergänzungsmittel fällt in der Schweiz und der EU in die Kategorie Lebensmittel und *darf* sowieso keine pharmakologische Wirkung haben (laut Europäischem Gerichtshof = eine messbare Wechselwirkung mit einem zellulären Bestandteil des Körpers), da es sonst ein

Arzneimittel wäre und ein entsprechendes hochkomplexes Zulassungsverfahren durchlaufen müsste.[34] Tja.

Ich schraubte das braune Glas auf und entnahm eine der geruchs- und, wie ich beim In-den-Mund-Stecken bemerkte, auch geschmacklosen Gelatinekapseln. Unentschlossen, ob ich spucken oder schlucken sollte, würgte ich sie herunter – fünf Schluck Pfefferminztee, direkt aus Nanas Kanne hinterher – und hielt das im selben Moment schon wieder für einen Fehler. Wer sagte mir denn, dass man dieser Firma und ihrer Rezeptur, diesem Magazin und den ganzen Behauptungen trauen konnte und ich nicht Betelnuss mit Sägespänen geschluckt hatte?

Die Antwort fand ich auf Seite 1: Ein grauer Herr im weißen Kittel namens *Michael Rosenbaum*, der »Gründer und Leiter der Rosenbaum-Forschung«, schien verantwortungsvoll über Entwicklung, Produktion und Qualität der lebensverbessernden Gingko-Kapseln zu wachen.

---

34 Die Deutsche Verbraucherzentrale schreibt: »Zutaten in Nahrungsergänzungsmitteln, also in Lebensmitteln, dürfen per Gesetz keine pharmakologische Wirkung haben, dürfen also nicht wie ein Arzneimittel wirken. Das heißt konkret, diese Heilpflanze darf (theoretisch) nur in einer so geringen Menge verwendet werden, dass die von der Arzneipflanze eigentlich erwartete Wirkung nicht eintritt.« Siehe dazu auch das Urteil des Europäischen Gerichtshofs vom 6.9.2012 – C-308/11 –, in welchem beschlossen wurde, »dass einer Substanz nur dann eine pharmakologische Wirkung im Sinne von Art. 1 Nr. 2 Buchst. b der Richtlinie 2001/83 zuzuerkennen sei, wenn eine Wechselwirkung zwischen den Molekülen der fraglichen Substanz und einem zellulären Bestandteil des Körpers des Anwenders bestehe«.

Michael Rosenbaum

He

Liebe Les
Seit viele
Forschur
Gedächt

Ihre Aufmerksamkeit, Ihre Entscheidungs
rungssinn und Ihre Rechenfähigkeit zu e
einzigen schluckleichten Kapsel pro Tag!

Mit den allerbesten Wünschen für Ihre G
Ihr

Michael Rosenbaum

Gründer und Leiter der Rosenbaum-Forschung

Weil Nana selig schlief und ich ohnehin darauf wartete, dass der Rest des Clans zum Aufbruch blies, ließ ich noch ganz kurz ein von mir neu entdecktes Gratis-Facesearch-Programm über Herrn Rosenbaums Gesicht laufen und im Netz danach suchen. Das Programm entdeckte es auf dem Kopf eines Musikers aus Hamburg: Professor *Anselm Kluge*, Komponist und Lehrer an einer Popakademie.

Interessant. Gab sich dieser deutsche Popmusiker Kluge etwa in der Schweiz als Michael Rosenbaum im Forscherkittel aus, um seinem Nahrungsergänzungsmittel-Unternehmen einen seriösen Anstrich zu geben?

Oder schrieb der Unternehmer Michael Rosenbaum in Deutschland unter dem Künstlernamen Anselm Kluge Popsongs?

Ich legte die Bilder von Anselm Kluge und Michael Rosenbaum nebeneinander.

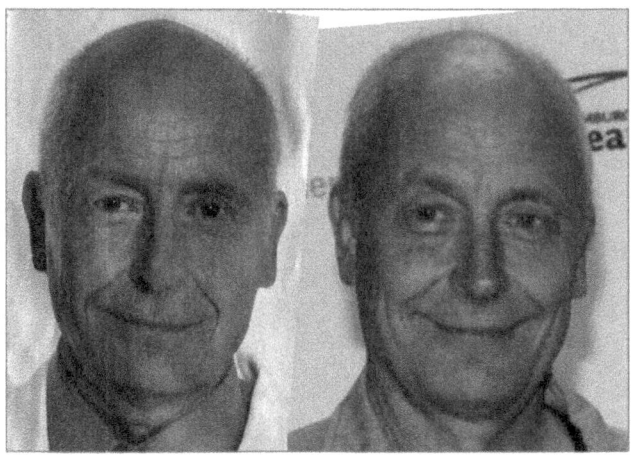

Doch je länger ich drauf schaute, desto unsicherer wurde ich. Wie konnte ich mit Sicherheit sagen, dass es sich bei den zwei Abgebildeten um die gleiche Person handelte? Just in diesem Moment kam Kaspar herein: »Hä? Wir warten auf dich.« – »Hups!« – »Ich nehm jetzt die Badesachen und geh vor.« – »Nein, nein. Ich komme. Ich komme.« Ich vertagte die Beantwortung der Frage, legte den Papierstapel ins Nebenzimmer zu den alten *Thurgauer Zeitungen* und rannte noch blitzschnell nach oben, um das *vital-&-gesund*-Magazin in meinen Koffer zu werfen. Fertig war ich mit dieser Rosenbaum-Forschung noch nicht.

PERSONEN IDENTIFIZIEREN

Auge um Auge, Ohr um Ohr

Ich bin nur Hobbydetektivin, aber weil ich mich um Genauigkeit bemühe und meine Erkenntnisse mit der Öffentlichkeit teile, darf ich manchmal mit der echten Polizei »Hintergrundgespräche« führen. Zurück in Berlin, nahm ich für den Fall Rosenbaum diese Gelegenheit wahr und bat beim Landeskriminalamt Berlin um ein Gespräch mit der Abteilung *Visuelle Personenidentifizierung.*

Hinter vielen menschenleeren Gängen und gut gesicherten Türen empfing mich in einem kleinen Büroraum meine Ansprechpartnerin Frau Kamps*. Gleich zu Beginn des Gesprächs klappte ich meinen Laptop auf, um die vielen Gesichter der Herren Rosenbaum und Kluge vorzuführen. Wenn nicht hier, wo dann könnte ich verbindlich erfahren, ob und warum es sich um ein und dieselbe Person handelte? Frau Kamps schaute gar nicht hin und machte deutlich, dass die Polizei für mich in diesem Rahmen ganz bestimmt keine Dienstleistung einer visuellen Personenidentifizierung erbringen werde. Gerne erläutere sie mir das allgemeine Vorgehen, welches mit meinem nicht viel zu tun habe. Sie lachte dabei nicht. Ich notierte Folgendes:

Die kommerziellen Facesearch-Apps, die ich eingesetzt hatte, dürfen Kripo und Staatsanwaltschaft nicht einsetzen. Sie dürfen nur validierte Programme nutzen, die von den zuständigen Behörden zur Verfügung gestellt werden, dazu zählen meine Programme nicht. Das polizeieigene zugelassene Gesichtserkennungsprogramm wird vom BKA zur Verfügung gestellt und ist sehr gut, aber die Gesichtersuche wird nicht in Verbindung mit einer kommerziellen Suchmaschine im World Wide Web durchgeführt, unter anderem weil Verstöße gegen den Datenschutz und die Verletzung von Persönlichkeitsrechten vermieden werden müssen. Man muss auch bedenken, dass Bilder, die man irgendwo im Netz findet, nicht normiert sind und vor allem nicht frei von Bildmanipulation. Die Polizei hat sich auf objektivierbares, rechtlich unbedenkliches Bildmaterial zu konzentrieren und darf davon nur unter bestimmten Prämissen abweichen. Unbedenklich sind die Bilder in den polizeieigenen Karteien. In diesen Karteien befinden sich allerdings ausschließlich Bilder von Menschen, die von der Polizei nach jeweils geltendem Recht erfasst und gespeichert werden durften, also nicht »jedermann«.

Kurz: Was Gesichtersuchen im Netz angeht, ist der Aktionsradius der Polizei eingeschränkt, und das ist auch gut so. Die Ermittlungsarbeit der deutschen Polizei sollte nicht regelmäßig in die privaten Sphären unbescholtener, unbeteiligter Büger:innen eindringen und auch nicht von den intransparenten Suchalgorithmen kommerzieller Programme beeinflusst werden.

Ich erfuhr noch, dass das Vertrauen der Polizei und der Gerichte in die KI wohl im Moment (noch?) nicht so ungebrochen sei, wie man es (zu Recht?) befürchten könnte.[35] Wird ein vom Bund zugelassenes KI-basiertes Computerprogramm für einen vom LKA durchgeführten Personenvergleich eingesetzt, dann arbeitet es nur zu. Für ein verbindliches gerichtsverwertbares Ergebnis ist bislang die Verifikation durch einen Menschen erforderlich (Stichwort: »human in the loop« beziehungsweise »verified by a human«) und zwar durch eine hochkarätig akademisch ausgebildete sachverständige Person. Die Qualifikation zur zertifizierten *Sachverständigen für visuelle Personenidentifizierung* erfordert nach dem Erststudium eine mehrjährige spezifische Zusatzausbildung.

Der Vergleich *Face Rosenbaum – Face Kluge* wäre wahrscheinlich ein Kinkerlitzchen für so eine polizeiliche Sachverständige. Die muss ja ganz andere Herausforderungen bewältigen, zum Beispiel die Identifizierung einer Person, die als Kind fotografiert wurde und jetzt erwachsen ist, oder auch eine Person, die erst lange nach dem Tod aufgefunden wurde. Trotzdem wäre die Durchführung eines *Rosenbaum-Kluge*-Vergleichs mit mal eben Draufgucken nicht getan, der dauert immer mehrere Stunden.

Superrecognizer muss man für einen sachkundigen Gesichtervergleich übrigens nicht sein, die spontane Intuition tut wenig zur Sache. Im Gegenteil: Eine leichte prosopagnostische Schwäche (= eingeschränktes Vermögen, Menschen wiederzuerkennen) wäre nicht mal unbedingt

---

35 Es gibt darüber ja eine breite Diskussion, auch in der Justiz, siehe z. B. das Urteils des 1. Senats der Bundesverfassungsgerichts vom 16.2.2023 zur automatisierten Datenanalyse, www.bundesverfassungsgericht. de/SharedDocs/Entscheidungen/DE/2023/02/rs20230216_1bvr154 719.html.

hinderlich. Die Sachverständige geht ja nicht intuitiv vor, sondern streng systematisch. Millimeter für Millimeter. Auge um Auge. Ohr um Ohr. Nur so kann die Beweiskraft des Sachverständigen für visuellen Personenvergleich mit dem DNA-Test mithalten.

»Entschuldigung, dass ich noch mal frage, aber könnte man nicht trotzdem, ganz unverbindlich, einen Blick auf meine Bilder hier..., ich meine, ob das der gleiche ...?«, fragte ich nach der Lehrstunde. »Sicher nicht. Tut mir leid.«
Einerseits schade, dachte ich auf dem Heimweg, andererseits gut, dass ich nicht die Polizei bin. Für eine visuelle Personenidentifizierung war ich nicht qualifiziert, den Herren Rosenbaum und Kluge die Haare ausreißen und zum DNA-Test schicken ging auch nicht. Aber meiner Intuition und dem Gratisprogramm aus dem Internet vertrauen, das darf sie vielleicht nicht – ich schon. Und (wieso bin ich da nicht gleich draufgekommen?) der Herr Kluge schien ja noch zu leben. In Hamburg. Bei dem konnte ich mich ja einfach mal melden.

FORTSETZUNG: TÄUSCHUNG UND ENTTÄUSCHUNG IN DER WERBUNG

Ein Pillenverkäufer spielt verrückt – Teil 2

Von: <Caroline Labusch>
Betreff: Recherche
An: <Anselm Kluge>

Lieber Anselm Kluge,
ich bin zufällig im Rahmen einer »Ermittlung« auf Sie gestoßen. Zur vertiefenden Recherche würde ich Sie gerne etwas fragen. Dürfte ich Sie entweder treffen oder anrufen? Das würde mich sehr freuen.

Herzliche Grüße von Caroline Labusch

Wer wagt, gewinnt:

claro que si.

Ich bin am WE in Berlin. Einfach mal anrufen 01XXXXXXXXX
AK

Dass A. K. derart unkompliziert war, hatte ich nicht gedacht. Wir trafen uns in einem netten Café am Boxhagener
Platz im studentischen Friedrichshain. Ein selbstbewusster, gut gelaunter grauhaariger Mann, vielleicht Ende sech-
zig, der seine zwei streetsmarten Töchter im Schlepptau
hatte. Ich holte für uns alle Getränke und servierte Kaffee
und Limonade am großen Ecktisch in der hintersten Ecke
des Lokals. Dann zog ich – »Augenblick!« – das *vital-&-*
gesund-Magazin aus der Tasche, schlug es auf, zeigte es
aber nicht Anselm, sondern seiner jüngeren Tochter. Sie
kicherte und gab es der Älteren, die zu ihrem Papa rüber-
schielte. »Was?«, fragte Anselm. »Sieht da einer aus wie
ich?« – »›Sieht so aus wie du‹ ist untertrieben«, antwortete
sie und legte ihrem Vater den Rosenbaum auf den Tisch.
Anselm lachte. »Ja, klar. Das bin ich.« – »Du weißt also,
dass *du* Michael Rosenbaum bist? Gründer und Leiter der
Rosenbaum-Forschung?«, fragte ich.
»Dass ich …?« Er stutzte. »Was ist das für ein Blatt?«
Gemeinsam rekonstruierten wir, was geschehen war: Anselm, Musiker, Hochschullehrer, Komponist, Musikprodu-
zent, mehrfacher Vater und attraktiver Lebemensch, hatte
vor etwa zehn Jahren bei einem Fotoshooting mitgemacht.

Ein Spaßjob mit gutem Stundenlohn. Er sollte den freundlichen Wissenschaftler mimen, mal mit Reagenzglas, mal ohne, mal mit Chemiker-Schutzbrille oder am Telefon. Für manche Bilder, die allerdings nicht im *vital-&-gesund*-Magazin verwendet wurden, musste er Salben- oder Kapselbehälter in die Hand nehmen und präsentieren.

Anselm konnte sich nicht mehr erinnern, in welchem Umfang er Nutzungsrechte freigegeben hatte, aber ihm war schon klar, dass der Kunde des Fotografen diese Bilder auch verwenden würde. Damit, dass sein Portrait als das des vermeintlich real existierenden Firmengründers und -leiters Michael Rosenbaum ausgegeben wird, hatte er allerdings nicht gerechnet. Schon allein deswegen nicht, weil das mit wettbewerbsrechtlichen Spielregeln clasht. Oder nicht?

Ein gemeinsamer Anruf bei einem in solchen Fragen bewanderten Bekannten, dem Hamburger Medienrechts-Anwalt Thore Levermann, und der Blick ins Schweizer *Gesetz gegen unlautere Werbung* ergab: Ja, das Wettbewerbsrecht ist hier tangiert. Denn *unlautere Werbung* verbreitet, wer …

über sich, seine Firma, [...] oder über seine Geschäftsverhältnisse unrichtige oder irreführende Angaben macht, unzutreffende Titel oder Berufsbezeichnungen verwendet, die geeignet sind, den Anschein besonderer Auszeichnungen oder Fähigkeiten zu erwecken; [...][36]

---

36 UWG Schweiz, Artikel 3: Unlautere Werbe- und Verkaufsmethoden

Das deutsche Gesetz gegen unlauteren Wettbewerb ist ähnlich gestrickt:

> § 5 II UWG: »Eine geschäftliche Handlung ist irreführend, wenn sie unwahre Angaben enthält oder sonstige zur Täuschung geeignete Angaben über folgende Umstände enthält: [...]
> die Person, Eigenschaften [...] des Unternehmers wie Identität, [...] Befähigung, Status [...]«[37]

Wenn es um Lebensmittel geht, und dazu zählen die Nahrungsergänzungsmittel, wird besonders genau hingeschaut. Im Schweizer Lebensmittelrecht heißt es:

> LMG, Art. 18 Täuschungsschutz
> § 1 Sämtliche Angaben über Lebensmittel [...] müssen den Tatsachen entsprechen.
> § 2 Die Aufmachung, Kennzeichnung und Verpackung der Produkte [...] und die *Werbung* für sie dürfen die Konsumentinnen und Konsumenten nicht täuschen.

Die Erläuterung, was man unter »Täuschen« zu verstehen hat, wird mitgeliefert:

[...]

> § 3 Täuschend sind [...] Werbungen, die geeignet sind, bei den Konsumentinnen und Konsumenten falsche Vorstellungen über Herstellung, Zusammensetzung, Beschaf-

---

37 Deutsches Gesetz gegen den unlauteren Wettbewerb

fenheit, Produktionsart, Haltbarkeit, Produktionsland, Herkunft der Rohstoffe oder Bestandteile, besondere Wirkungen oder besonderen Wert des Produkts zu wecken.

Im deutschen *Lebensmittel- und Futtergesetzbuch* (ja, es heißt so und gilt für Menschen- und Tierfutter) wird auf die entsprechende EU-Verordnung verwiesen, die genau wie die Schweizer Gesetze irreführende Angaben zur »Art der Herstellung oder des Betriebes« untersagt.
Irreführen – das war überhaupt ein inspirierendes Stichwort. Das mach ich doch auch gerne …

Zwischendrin: Tipps und Tricks

**LUG UND BETRUG
IN DER WERBUNG**

Voll verboten, aber nicht vom Tisch

◇ Wer Lebensmittel bewirbt, darf darüber keine unwahren Tatsachen behaupten.

◇ Wer Lebensmittel bewirbt, kann darüber trotzdem unwahre Tatsachen behaupten.

◇ Funfact: Nahrungsergänzungsmittel wirken quasi nicht.

◇ Funfact: Nahrungsergänzungsmittel wirken quasi trotzdem.

◇ Manch einer fühlt sich nach Einwurf einer Kapsel trotzdem besser. Glückwunsch!

Diese ganze Firma, nein, diesen internationalen Firmenkomplex muss man sagen, fand ich schon sehr fragwürdig. Das Sortiment der Rosenbaum-Forschung war nicht nur in der Schweiz, sondern auch in Deutschland und Österreich erhältlich. Der Name *Rosenbaum-Forschung* war nicht der Name des Herstellers, sondern eine Art Markenname. Das Unternehmen hieß *Garten Gethsemane Limited*. Bei der *Garten Gethsemane Ltd.* handelte es sich um ein ausländisches Unternehmen mit Firmensitz in der Hillel Street 24, einer Business-Adresse, die man übrigens bei diversen Anbietern mit ein paar Mausklicks als Virtual oder Shared Office buchen kann.[38] Wobei das allein noch kein Makel wäre.

Der Geschäftsführer der *Garten Gethsemane* war ein Herr Awi Blumenfeld. Sein Name war so selten, dass ich auf der ganzen Welt nur einen einzigen Menschen ausmachen konnte, der so hieß, einen Religionswissenschaftler aus Wien.

War *Herr Blumenfeld = Herr Rosenbaum*? Passen tat es nicht zu diesem Religionswissenschaftler Blumenfeld, dass er Gelatinekapseln mit wahrscheinlich nutzlosen Krümeln in braune Gläschen füllte, um sie dann hinter der Fassade von Anselm Kluges gütigem Lächeln gebrechlichen Rentnern in DACH-Staaten anzudrehen.

Weil Anselm die Verwendung seines Gesichts als angeblich real existierender Bürge für die lebensverbessernde Wirkung Rosenbaum'scher Pillen und Salben nicht nur frech, sondern auch – wie ich – tendenziell unlauter fand, war er sofort dafür zu haben, eine Allianz mit mir

---

38 https://easy.co.il/en/page/26154873

zu schmieden. Gemeinsam wollten wir von den Drahtziehern der Rosenbaum-Forschung eine Reaktion provozieren, mit der sie preisgeben, wie sie zu ihrem eigenen Treiben stehen.

In einem Brainstorming entschieden wir uns dafür, irritierende Bilder von Anselm im Netz auftauchen zu lassen, zum Beispiel ein Youtube-Video, in dem er von seinem beruflichen Wirken schwärmt. Vielleicht ein Schülervideo zum Thema Berufe. Drittklässler sprechen im Rahmen eines Schulprojekts Passanten an: »Was ist dein Beruf?« Einer der Befragten ist dann zufällig Anselm, der sich nicht als Musiker sondern als dubioser Pillenverkäufer vorstellt und auf parodistische Weise über den Placebo-Effekt von Nahrungsergänzungsmitteln plaudert. Der Name Rosenbaum sollte nicht fallen. Dass Anselm genauso aussieht wie der Gründer und Leiter der Rosenbaum-Forschung würde genügen, um die Rosenbaums aus der Reserve zu locken.

Gesagt, getan. Wir trafen uns in Hamburg. Den genauen Text erfand Anselm spontan. Die Kinderstimmen addierte ich im Schnitt:

Eingespielte Kinderstimmen: Was ist dein Beruf?

Anselm Kluge, mit dem Gesicht des »Michael Rosenbaum«:

Ich verkauf Tabletten. Und zwar kauf ich die entweder irgendwo billig ein und nehm eine schöne Verpackung, mit meinem eigenen Gesicht drauf, oder ich mache die selber [...] Die müssen gut schmecken, die müssen gut aussehen [...] und dann verkauf ich die in der Schweiz an meistens ältere Damen [...]

Auf der Verpackung steht ja drauf: »Danach gehts mir gut!« Und wer glaubt, dass es einem gut geht, wenn er die Pille einnimmt, dem geht's dann auch gut. Das ist der ganze Trick.

Kinderstimmen: Bist du 'n Betrüger?

Anselm Kluge: Betrügen ... mh, was heißt betrügen? Ich mach jemanden glücklich.

Kinderstimmen: Macht dir dein Beruf Spaß?

Anselm Kluge: Ich bin mit meinem Beruf zufrieden. Ich hab früher andere Sachen gemacht [...] Und jetzt habe ich 'n schönes Leben. Ich kann Golf spielen gehen, [...] ich fahr ein schönes Auto [...] Ich bin damit zufrieden, ja.

Ich bat drei Freunde und meine ältere Tochter, sich als weitere »zufällige« Passanten interviewen zu lassen, schnitt das Material im glaubwürdigen Grundschul-Look zusammen und stellte es auf dem Kanal des von mir erfundenen Grundschul-Vaters Friedrich Beck als Arbeitsergebnis des Teams *Delphine3a,* online.

BERUFE

Nachdem das Video eine Woche ohne große Beachtung im Internet zu sehen war, meldete ich mich in Anlehnung an meine Schweizer Schwiegermutter in der Rolle der Frau Doro W.* beim Kundenservice der Rosenbaum-Forschung:

Von: \<DW>
Betreff: dringend: zur Weiterleitung an Herrn Rosenbaum
An: info@Rosenbaum-Forschung.ch

Lieber Herr Rosenbaum,
durch eine Verwandte aus Deutschland wurde ich auf ein Video im Internet aufmerksam, in dem Sie als Privatmann zu Ihrem Beruf befragt werden und mit Ihrem »Trick« prahlen. Ich bitte um eine Erklärung, wo und wie Ihre Ginkgo-Tabletten hergestellt werden [...]
Mit freundlichen Grüßen
D. WXXXXXX

Dieses erste Schreiben sollte nur eine Einstimmung sein. Während meine erfundene Frau W. davon ausgehen musste, dass die genau wissen, wovon die Rede ist, hatten die Rosenbaum-Forschungs-Leute tatsächlich noch keine Ahnung, welches Video diese Frau W. meinte:

Von: info@rosenbaum-forschung.ch
An: <DW>
Betreff: Re: dringend: zur Weiterleitung an Herrn Rosenbaum

Sehr geehrte Dame,
Sehr geehrter Herr,

vielen Dank für Ihre Nachricht.

Bitte entschuldigen Sie unsere verspätete Reaktion.
Die Rosenbaum-Forschung veröffentlicht zurzeit keine Videos im Internet. Möglicherweise handelt es sich hier um eine Verwechslung.
Bei unserer Forschung handelt es sich um eine unternehmensinterne Forschung mit dem Ziel, neue Produkte zu entwickeln oder vorhandene Produkte zu optimieren. Für unsere Forschung verwenden wir ausschließlich eigene Gelder und veröffentlichen daher auch unsere Ergebnisse nicht. […] Unsere Produkte werden ausnahmslos in Deutschland hergestellt und entsprechen allen aktuellen Vorschriften und Anforderungen. Weitere Angaben dazu möchten wir dazu nicht weitergeben, da es sich um betriebsinterne Informationen handelt.
Wir hoffen, Ihnen mit dieser Auskunft gedient zu haben, und stehen für Rückfragen jederzeit gern zur Verfügung.

Freundliche Grüsse
Ariane Kiesel*

Serviceteam Schweiz

Jetzt ließ ich die Katze aus dem Sack:

Von: <DW>
An: info@Rosenbaum-Forschung.ch

Vielen Dank für Ihre Antwort. Nun muss ich dazu etwas richtigstellen: Ich hatte nicht geschrieben, dass Sie Videos veröffentlichen. Es geht um Herrn Rosenbaum selbst, der sich in einem Schülervideo zu seiner Tätigkeit äußert. Mithilfe des beigefügten blauen »Link«, den ich hier weiterleite, wird sich Herr Rosenbaum sicherlich erinnern.
(www.youtube.com/watch?v=vLzhEW6SbXQ)
Die Antwort auf meine Frage hätte ich auch gerne von ihm persönlich: Wie und wo werden die Ginkgo-Tabletten hergestellt, die bis vor Kurzem noch im Sortiment der Rosenbaum-Forschung zu finden waren? Dieselbe Frage gilt für das Mittel Memoril Forte.
Sehr gerne hätte ich überdies Informationen zu Ihrer Forschungseinrichtung: Wo befindet sich diese? […]
Und präzisere Angaben zu Ihren Produktionsstätten in Deutschland hätte ich auch gerne […]
Ich erwarte gerne eine Antwort von Herrn Rosenbaum, innerhalb der nächsten Tage bitte.
Eine Auflistung der Zusammensetzung der genannten Produkte hätte ich auch gerne.

Mit freundlichen Grüßen
D. WXXXXXX

Es vergingen ein paar Tage, dann stellte ich etwa 17 zusätzliche Klicks auf dem Berufe-Video der Delphine3a fest. Kurz darauf folgte die Antwort des Kundenservice:

Von: info@Rosenbaum-Forschung.ch
An: <DW>

Sehr geehrte Frau W.

Herzlichen Dank für die Übermittlung des Links. Wir haben uns das Video angeschaut: Da hat sich jemand, der Michael Rosenbaum ähnlich sieht, einen Spaß erlaubt.
Das Produkt Ginkgo+Komplex haben wir nicht mehr im Sortiment. Selbstverständlich gern, liebe Frau W [...], informieren wir Sie aber über die genaue Zusammensetzung unseres hochwertigen Produktes Memoril Forte – eine sehr gute Alternative zu Ginkgo+ Komplex:
Zutaten: Fischölkonzentrat (Fischölkonzentrat Antioxidationsmittel: tocopherolhaltige Extrakte), Gelatine (Rind), Feuchthaltemittel: Glycerin, Wasser [...]
Bezüglich Ihrer weiteren Fragen zu unseren Betriebsstätten in Deutschland möchte ich nochmals um Ihr Verständnis bitten, dass wir diese betriebsinternen Informationen nicht zur Verfügung stellen. [...]

Mit freundlichen Grüßen
A. Kiesel

Der Standort der Betriebsstätten ein »betriebsinternes« Geheimnis?

Und der Mann im Berufe-Video sieht Michael Rosenbaum
»ähnlich«?

Von: <DW>
An: info@Rosenbaum-Forschung.ch

Liebe Frau Kiesel,

Sie erklärten mir, dass der Mann im Video dem Herrn Rosenbaum zum Verwechseln ähnlich sehe und [...] sich einen Spaß auf Kosten seines Doppelgängers erlaubt habe. Weil das für mich sehr unwahrscheinlich klingt, habe ich meinen Neffen gebeten, dass er sich das noch einmal anschaut. Ergebnis: Es handelt sich bei dem Mann in dem Schülervideo eindeutig um Michael Rosenbaum. Bitte leiten Sie Herrn Rosenbaum meine Bitte um Stellungnahme weiter. Das bisschen Zeit für die Kunden muss schon sein, wenn man sich die Zeit nimmt, kleine Kinder zu beeindrucken.
Außerdem hatte ich nach den Inhaltsstoffen und Wirkstoffen der Ginkgotabletten gefragt [...]. Ich habe noch welche und benötige die Angaben.
Ich bitte um rasche Beantwortung.
Mit freundlichen Grüßen, D.WXXXXXX

Beharrlichkeit ist eine für mich charakteristische, aber für andere Menschen nervige Eigenschaft, was mir auch gelegentlich vorgehalten wird. Für meine Ermittlungen ist sie unerlässlich. Nur weil Frau W. sich nicht abspeisen ließ, erhielt sie nach dem zweiten Versuch eine Antwort des Chefs, höchstpersönlich.

Von: info@Rosenbaum-Forschung.ch
Betreff: Frage
An: <DW>

Liebe Frau WXXXXXX

[…] Ich habe mir das zusammen mit den Kollegen aus der IT angesehen. Die sagen, halbwegs brauchbare Deep Fakes können Schüler heutzutage sogar kostenlos per Handy-App erstellen. […] Das vorliegende Video sieht für meine IT-Spezialisten aber nach einer professionelleren Arbeit aus.

Gute Deep Fakes kann man als Laie heute nur durch den Kontext entlarven. […] Genauso […] gelingt es Ihnen auch, den falschen Herrn Rosenbaum zu entlarven, indem wir hören, was er sagt:

»Ich kaufe Tabletten …«

Bis auf ganz wenige Ausnahmen sind die Produkte der Rosenbaum Forschung keine Tabletten, sondern Kapseln. […] Ergänzend stelle ich fest, dass wir unsere Produkte nicht »irgendwo kaufen«, sondern unsere Rezepturen von der Rosenbaum Forschung entwickelt werden und nirgendwo sonst erhältlich sind. […]

»… schöne Verpackungen … mit meinem eigenen Gesicht drauf«

Hier bitte ich Sie, die Ihnen vorliegenden Verpackungen anzusehen. Ist da sein Gesicht drauf? […] Der, der im gleichen Satz behauptet, er würde die schönen Verpackungen »selbst machen«, sollte doch wissen, ob da sein Gesicht drauf ist, oder nicht?

So könnten wir den Text Satz für Satz weiter analysieren, hinterfragen, ob unsere Tabletten/Kapseln wirklich »gut schmecken«, und werden schließlich zu der Erkenntnis gelangen, dass der falsche Herr Rosenbaum überraschend wenig von seinem angeblichen Geschäft weiß.

Nun können wir auch darüber philosophieren, ob jemand, der ein Produkt zu einem höheren Preis abgibt, als er selbst dafür aufgewendet hat, ein Betrüger ist. Das mag in den Augen von jungen Schülern so aussehen. Als erwachsene Menschen müssen wir diese Frage nicht diskutieren. Hier stellt sich nur die Frage, ob unsere Preise für die gebotene Qualität angemessen sind. Das muss am Ende jeder selbst entscheiden. Ich selbst beobachte ständig den pharmazeutischen Markt und würde die Frage klar bejahen.

Liebe Frau W […], wenn Sie aus einer früheren Bestellung noch Ginkgo+Komplex vorrätig haben, informiere ich Sie auch gern nochmal über die Zusammensetzung dieses Produktes, das wir nicht mehr im Sortiment haben. Sie finden diese Angaben auch auf dem Etikett der Dose/n.

Zutaten:

Ginkgo Biloba-Blatt-Extrakt (10 %ig, entsäuert), sibirischer Ginseng-Extrakt (Eleutherococcus senticosus), Hydroxypropylmethylcellulose (Kapselhülle), Guarana-Extrakt, Theobroma Kakao-Extrakt, Trennmittel: mikrokristalline Cellulose, Coenzym Q10.

[…]

Ich wünsche Ihnen eine schöne Adventszeit!

Freundliche Grüsse

Michael Rosenbaum

Gründer und Leiter der

Rosenbaum-Forschung

Postfach 30 43

8096 Zürich

Die Person, die mit Michael Rosenbaum signiert hatte, behauptete, genau so auszusehen wie der »Pillenverkäufer«, dieser aber nicht zu sein, und unterstellte den kleinen Kindern und ihrem Helfer Friedrich Beck, sie hätten ein Deep-Fake-Video gemacht, also ein Interview nachgestellt und später das Gesicht von Michael Rosenbaum mit einer Deep-Fake-App hineinanimiert.

Was für eine phantasievolle Erklärung!

Ich stellte mir dennoch vor, dass die Frau W. das glaubte. Wie würde sie reagieren? Eigentlich müsste sie sich empören. Über die Kinder! Wie kamen die dazu, ihren vertrauten Nahrungsergänzungsmittel-Hersteller Michael Rosenbaum für einen Deep-Fake-Spaß zu verwursten? Wahrscheinlich würde Frau W., die als Rentnerin nicht so viel zu tun hat, sich bei den Delphinen3a melden, die Kinder rügen und sie auffordern, das Interview als »Deep Fake« zu markieren.
Eine solche Initiative müsste wiederum Friedrich Beck, den Grundschulvater, der den Kindern geholfen hatte, verblüffen. Er würde Michael Rosenbaum googeln, ihn finden und anschreiben.

Ich übernahm das für ihn:

Von: <Friedrich Beck>
An: info@Rosenbaum-Forschung.ch

Lieber Herr Rosenbaum,

Wir erhielten vor ein paar Tagen die Email einer Frau W. wegen eines Schüler-Interview-Videos auf meinem Youtube-kanal (www.youtube.com/watch?v=vLzhEW6SbXQ).
Sie erklärte, bei dem dritten Interview handele es sich um Sie und nachdem ich Sie gegoogelt habe, trifft das wohl zu. Herzlichen Dank noch einmal im Namen der Kinder, dass Sie mitgemacht haben!
Nun schrieb Frau W. aber noch, dass das Interview computergestützt manipuliert worden sei und darum als Deep Fake gekennzeichnet werden müsse.
Ich habe nicht verstanden, wie die Dame zu dieser recht absurden Behauptung kommt. Da Sie das Interview selbst gegeben haben, wissen Sie selbst am besten, dass an den Bildern und dem Ton Ihres Interviews nichts manipuliert wurde.

Ich würde mich sehr freuen, wenn Sie mir kurz zu dem Sachverhalt Rückmeldung geben könnten.

Mit freundlichen Grüßen
Friedrich Beck

Es vergingen wieder einige Tage, bis ich, beziehungsweise Herr Beck, eine Antwort erhielt. Sie kam nicht vom Chef selbst, sondern von seiner inzwischen strauchelnden Assistentin Ariane Kiesel. Während die alte Frau W. von Frau Kiesel noch mit der schnell gestrickten Geschichte vom

Deep Fake abgespeist worden war, hatte Team Rosenbaum
nun den Arsch hochgekriegt und recherchiert.

Lieber Herr Beck

Hier handelt es sich um eine große Verwechslung, die wir
inzwischen aufklären konnten. Im Video zu sehen ist nicht
Michael Rosenbaum, sondern der Hamburger Musik-Professor Anselm Kluge.

https://de.wikipedia.org/wiki/Anselm_Kluge
www.youtube.com/watch?app=desktop&v=sjt_9ySJRBM
www.bassquarterly.de/index.php?eID=dumpFile&t=f&f=6540&token=12de626652f22d3b6106be50e78a04ab8358b7e7

Anselm Kluge hat große Ähnlichkeit mit Michael Rosenbaum
und wird immer wieder darauf angesprochen. Deshalb hat
er sich im Interview den Scherz erlaubt, sich als Michael
Rosenbaum auszugeben. Bedauerlicherweise hat er dabei
die Rosenbaum-Forschung in ein ausgesprochen negatives
Licht gerückt.

Wir werden das Frau W. auch noch einmal schreiben und
den Sachverhalt auch bei ihr aufklären.

Freundliche Grüsse
Ariane Kiesel

ROSENBAUM
FORSCHUNG
Hacienda Verde GmbH, Karl-Benz-Str. 21,
86825 Bad Wörishofen, Deutschland, GF: Peter Steinert

Chapeau! Ohne zu lügen erweckte Frau Kiesel den Eindruck, sie stünde mit Anselm Kluge im Kontakt.

Das Erscheinungsbild der Herren Kluge und Rosenbaum als »ähnlich« zu bezeichnen, war auch nicht explizit unwahr. Frau Kiesel hatte lediglich unterschlagen, dass es den einen (Anselm Kluge) sicher gab, den anderen (Michael Rosenbaum) eher nicht.

Sie hatte auch verschwiegen, dass die Rosenbaum-Forschung Fotos von Seniorenmodel Anselm Kluge in ihren Werbeheftchen mit der Signatur *Michael Rosenbaum, Gründer und Leiter der Rosenbaum-Forschung* abdruckten. Aber Schweigen ist nicht Lügen.

In der E-Mail hing interessanterweise nicht nur eine Firmensignatur an, sondern zwei. Ob versehentlich oder nicht, jedenfalls war die erste Signatur die der Rosenbaum-Forschung und die zweite die der Firma *Hacienda Verde GmbH.*

Als deren Geschäftsführer wurde ein Herr Peter Steinert genannt. Der Name kam mir vage bekannt vor, und dann fiel es mir wieder ein: Der PSteiner Verlag gab das Magazin *vital & gesund* heraus, in welchem ich anfangs die Bilder von Michael Rosenbaum entdeckt hatte. Das passte bestens zusammen. Verwirrenderweise stieß ich bei der Suche nach weiteren Informationen zu diesem Firmenkonstrukt auf eine weitere Firma namens *VieVital*, deren Geschäftssitz sich in Hamburg und Buxtehude befinden sollte. Die *VieVital* entpuppte sich bei genauerem Hinsehen als die Obermutter-Firma von sowohl *Hacienda Verde* als auch *Garten Gethsemane*. Geschäftsführung: *Helge Jans* und *Annette Zornow*, das waren ganz neue Charaktere. Ich fühlte mich verloren und überfordert. Wer ist jetzt wer?

Die *VieVital* und die *Hacienda Verde* hatten eigene Internetauftritte, die ziemlich ähnlich aussahen. Dort konnte man nachlesen, dass sie auf die Entwicklung, Produktion, Vermarktung und Distribution von Nahrungsergänzungsmitteln spezialisiert waren.

Ich zählte im Team *VieVital-Hacienda-Rosenbaum-Gethsemane* inzwischen sechs Akteure, von denen einige vielleicht nur Märchenfiguren waren:

- die Kundenbetreuerin *Ariane Kiesel**, welche unter der Doppelsignatur *Rosenbaum-Forschung / Hacienda Verde* kommunizierte;
- *Peter J. O. Steinert*, Chef der *Hacienda Verde* und Herausgeber der Magazine *vital & gesund – Ihre Gesundheitsbroschüre* und *Rosenbaum-Forschung Gesundheits-Journal – für ein langes und vitales Leben;*
- der Wiener Religionslehrer *Awi Blumenfeld*, wahrscheinlich Geschäftsführer der *Garten Gethsemane*, Mutterfirma der Rosenbaum-Forschung, vielleicht auch nur Strohmann;
- *Helge Jans*, Geschäftsführer der Obermutter-Firma *VieVital;*
- *Annette Zornow,* leitende Mitarbeiterin oder Mit-Geschäftsführerin von sowohl *Hacienda Verde* als auch *VieVital;*

- und *Michael Rosenbaum*, undurchsichtiger und zugleich vermutlich unsichtbarer Gründer und Leiter der *Rosenbaum-Forschung*, dem Anselm Kluge sein Gesicht lieh.

An Adressen ermittelte ich Postfächer in Zürich und Norderstedt *(Rosenbaum-Forschung)*, einen Briefkasten oder Office Space in Jerusalem *(Garten Gethsemane)*, einen Verlagssitz in Türkheim *(PStein Verlag)*, ein Gebäude mit Blechfassade in Buxtehude *(VieVital)*, ein Büro in einem Hamburger Hochhaus *(VieVital)* und ein Büro in der Karl-Benz-Straße 21 in Bad Wörishofen *(Hacienda Verde)*.
Eine Nahrungsergänzungsmittel-Fabrik konnte ich in Bad Wörishofen nicht ausmachen. Dafür residierten diverse Kleinstinstitutionen unter derselben Adresse wie die *Hacienda Verde GmbH*, zum Beispiel das Steuerberatungsbüro *Werte Treuhand*, die *in2e-Unternehmensberatung* oder der *FC Bad Wörishofen*.
Die Adressen der *VieVital*-Obermutter-Firma in Hamburg und Buxtehude (Geschäftsführung: Helge Jans) sahen mindestens auf Google Maps auch nicht so aus, als könne man da eine Nahrungsergänzungsmittel-Produktion unterbringen. Nachbar am Buxtehuder Standort der *VieVital* war übrigens der Pferdebedarf-Shop *Hilbury*. Geschäftsführung: *Helge Jans*.
Mir schien das alles undurchsichtig und unseriös. Auch wenn es bestimmt unzählige vergleichbare Unternehmen gibt, die ihre wahren Produktionsbedingungen und Geschäftsstrukturen ähnlich verschleiern: Diese hier hatte ich jetzt am Wickel. Das konnte man doch nicht so stehen lassen!

Von: <Friedrich Beck>
Betreff: vertraulich, an Herrn Rosenbaum persönlich
An: info@rosenbaum-forschung.ch

VERTRAULICH

Lieber Herr Rosenbaum,

In der Verwechslungsangelegenheit Prof. Rosenbaum /
Prof. Kluge [...] muss ich jetzt noch einmal persönlich zu
Ihnen Kontakt aufnehmen.
Frau W. [...] hat für mich jetzt noch einmal drei Bilder aus
Ihrer Zeitschrift abfotografiert. Eine befreundete Humanbio-
login [...] hat diese 3 Portraits mit dem Äußeren des »Pillen-
verkäufers« Herrn Kluge verglichen [...] Sie sagt, dass nur
ein DNA Test Gewissheit verschaffen kann, aber es gebe
eine nennenswerte Wahrscheinlichkeit, dass es sich bei
Ihnen und Herrn Kluge um bei der Geburt getrennte Zwil-
linge handelt.

[...]

Ich bitte um Entschuldigung, wenn ich Sie mit diesen Informationen überrumpele, aber meine Frau war sehr entschieden, dass ich Ihnen diese Informationen nicht vorenthalten
könne.
Ich freue mich über eine kurze Rückmeldung, ob Sie diese
Email erreicht hat.

Mit freundlichen Grüßen
Friedrich Beck

Es war ein Versuch. Beantwortet mit Schweigen. Kein Wunder. Die Sache war ziemlich heiß geworden. Eine Weiterleitung meiner Ermittlungsergebnisse an die richtigen Stellen könnte bei dem Firmenkomplex *Rosenbaumforschung-Hacienda-Verde-Garten-Gethsemane-VieVital* unter Umständen eine mittelschwere Implosion zünden.

Falls justiziabel, wäre ich zwar nicht klageberechtigt, aber jegliche Konkurrenzfirmen, also alle Nahrungsergänzungsmittel-Hersteller in Deutschland, Österreich, Schweiz und die Verbraucherschutzverbände. Es könnte gut sein, dass mindestens eine der genannten Institutionen ein Verfahren anstrengen würde, wenn sie von der *Rosenbaum-Hacienda-Gethsemane-VieVital*-Taktik erführe. Auch Anselm könnte Stress machen. Ich wusste, dass er sein Gesicht gerne aus dem Firmenauftritt der Firma Rosenbaum-Forschung entfernt sähe. Mit Levermann vernetzt war er; alle Beweise, die ich hatte, schickte ich als Datenpaket nach Hamburg. Ob und wie er das jetzt angehen würde, war seine Sache.

Ich selbst sicherte für alle Fälle die Veröffentlichung meiner Recherchen ab, indem ich der »Firma« Rosenbaum-Forschung über meinen Verlag eine Zusammenfassung der gesammelten Erkenntnisse zukommen ließ. Mit der Bitte um Stellungnahme.

Dann versuchte ich, mich auf meine ursprüngliche Mission zu besinnen. Ich hatte beweisen wollen, dass meine Schwiegermutter – so wie ich und wie wir alle – auch schon mal unnützes Zeug gekauft hatte. Konkret: Die überteuerten *Ginkgo+Komplex-Kapseln im Abonnement.*

Es stand sowieso bald ein verlängertes Familienwochenende in der Schweiz an. Ich würde Nana meine Erkenntnisse wie ein Full House mit drei Assen auf den Tisch legen, auf ein entsprechendes Konsumanfälligkeits-Geständnis hoffen und den Punktsieg in unserem Ringen um den superioren Lifestyle kassieren.

Ich wagte den Vorstoß gleich am ersten Abend unseres Besuchs. Zur Untermauerung meiner Argumente hatte ich nicht nur den Berufe-Film der Delphine3a abspielbereit auf meinem Handy zur Hand, sondern auch einen Stapel *vital-&-gesund*-Magazine und den Ausdruck eines kompromittierenden Fotos: Der verrückt gewordene Pillenverkäufer – ein experimentelles Bild, welches ich während des Brainstormings mit Anselm geschossen hatte. Das konnte ich jederzeit zücken.

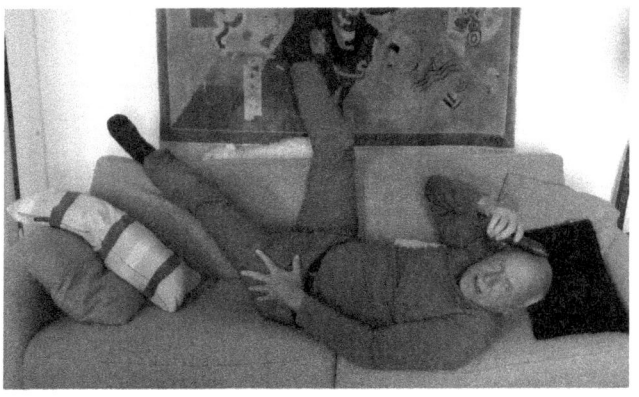

»Hör mal, Nana«, sagte ich, während die Kinder den fast leeren Topf Bündner Gerstensuppe nebst Käseplatte zurück in die Küche trugen.
»Ja, bitte?« Sie rollte ihre Stoffserviette zusammen und

schob sie in den mit Ranken verzierten silbernen Serviettenring.

»Dieser Herrn Rosenbaum, von der Rosenbaum-Forschung…«, pirschte ich mich an das Thema heran.

»Ach, der, ja…«

»Ich hab den starken Verdacht, dass es ihn nicht gibt.«

»Ja, wie kommst du darauf?«

»Die haben das Foto eines Models abgedruckt und behauptet, das sei Michael Rosenbaum.«

»Vielleicht sieht der echte Herr Rosenbaum unvorteilhaft aus.«

»Wenn es ihn denn gibt! Und diese Kapseln, die werden vielleicht in China oder Bulgarien oder sonst wo produziert!«

»Lindt & Sprüngli machen die Hasen jetzt auch in Aachen«, ergänzte sie.

»Kein Mensch weiß, was da wirklich drin ist!«, versuchte ich es noch einmal.

»Eben. Ich finde, man schmeckt es, wenn die Schokolade aus Deutschland kommt.«

»In meine die Rosenbaum-Kapseln!«, sagte ich und zog das zerknitterte *vital-&-gesund*-Magazin hervor, in dem sie auf die Kapseln aufmerksam geworden war.

»Wer weiß, was die Krümel in den Kapseln wirklich enthalten. Wenn es den Herrn Rosenbaum nicht gibt und die Produktion in sonst wo stattfindet. Die Firma scheint vor allem ein Büro in Buxtehude oder Hamburg zu sein, plus ein paar Briefkästen in Zürich und Jersusalem!«

»Ich meine, ich fühlte mich wacher, wenn ich das einnahm. Aber ich weiß es nicht mehr.«

Sie griff nach ihrer riesigen tonnenschweren Lupe, um mir die Zusammensetzungsliste neben der Produktabbildung vorzulesen:

»Ginkgo-Biloba, sibirischer Ginseng ...«

»Guarana und Kakaoextrakt«, nahm ich vorweg.

»Theobroma!«

»Das ist quasi Koffein!«

»Na, bitte. Das macht doch wach«, sagte sie.

»Äh, ja. Aber Kaffee auch!«

»Möchtest du einen?«, fragte sie.

»Jetzt?«

An Nana war manchmal kein Rankommen.

»Seit ich alt bin, hilft mir Kaffee abends beim Einschlafen. Meine Hausärztin sagt: Es spricht nichts dagegen, vor dem Schlafengehen eine Tasse Espresso zu trinken. Das aktiviert das Schlafzentrum.«

Sie erhob sich von ihrem Kissenstapel. »Den Tee lasse ich dir stehen.«

»Aber die Kapseln, Nana.«

»Sie haben die aus dem Sortiment genommen. Ich hab keine mehr. Und was das Gedächtnis betrifft, halfen sie auch nichts.« Dann schlurfte sie in die Küche. An ihren Füßen: nagelneue Gesundheitsschuhe aus gestepptem Leder mit praktischem Reißverschluss.

Ende? Nein. Es gab noch einige relevante Bewegungen: Das Porträt des Gründers und Leiters der Rosenbaum-Forschung war plötzlich von den Internetseiten der Rosenbaum-Forschung verschwunden. Kurz darauf auch sein Name. In den Printmagazinen »informierte« die Figur Michael Rosenbaum nicht mehr persönlich über ihre sensationellen Produktentwicklungen. Ab sofort sprach nur noch »das Team« zu seinen alten und neuen Kunden.

Darf ich spekulieren, dass Michael Rosenbaums Verschwinden auf eine Initiative Anselms zurückgeht? Nur unter Vorbehalt. Denn kurz darauf trudelte beim Verlag eine zünftige Stellungnahme des Anwalts der Firma *Garten Gethsemane Ltd.* ein. Er lässt ausrichten, dass das Verschwinden des Michael Rosenbaum mit unserer Initiative nur wenig zu tun habe. Man habe den Look der Rosenbaum-Forschung rein zufällig sowieso gerade anpassen wollen:

»Meine Mandantin hat ihre werblichen Maßnahmen im Rahmen einer zuletzt ohnehin geplanten, nunmehr vorgezogenen Veränderung überprüft und diese verschiedentlich überarbeitet und angepasst, nicht zuletzt auch unter ästhetischen Gesichtspunkten, sowohl im Offline-/Printbereich, als auch im Onlinebereich.«

Alles andere, was ich zu veröffentlichen beabsichtige, sei pauschal unrichtig, und (in meinen Worten) wenn ich's unter die Leute bringe, könnt's knallen:

»Namens meiner Mandantin bekräftige ich daher, dass sie die unzutreffenden Tatsachenbehauptungen, Unterstellungen und suggestiven Fragestellungen [...] zurückweist und sich alle Rechte, sowie die Einleitung rechtsförmlicher Maßnahmen jederzeit vorbehält, sowohl gegen den Verlag, als auch gegen die Autorin [...].«[40]

Was in dem Anwaltsschreiben leider nicht drinstand:
Wie es denn nun wirklich ist.

ENDE

---

40 Aus dem Anwaltsschreiben der Garten Gethsemane Ltd. an Penguin Random House, April 2024

Nachwort

Wie das weitergeht

Was mich angeht, wird es ungefähr so bleiben. Wenn ich mitkriege, dass sich jemand mit bizarren betrügerischen Plänen an mich oder meine Freund:innen, Verwandten, Bekannten heranspielt, werde ich tätig. Und ich will weiter sammeln. Haben *Sie* eine kriminelle Belästigung erlebt, deren Ermittlung gute Unterhaltung verspricht? Haben Sie eine phantasievolle Gangsterabwehr erprobt, die Sie weiterempfehlen wollen? Möchten Sie loswerden, dass Sie Ähnliches wie ich erlebt haben, ernsthaftes Leid klagen oder eine Beichte ablegen, dass Sie selbst ein Betrüger oder eine Betrügerin sind. Bitte sehr! Das *Caro-ermittelt*-Team ist 24/7 für Sie unter den Adressen *kundenservice@penguinrandomhouse.de* oder *service-redaktion@rbb-online.de*, *Betreff: Caro-ermittelt* erreichbar.[41]

Übrigens fragte mich neulich jemand (in überheblichem Tonfall), was das mit dieser Ermittlerei eigentlich soll (abgesehen davon, dass man mich ab und zu dafür bezahlt). Ich habe nicht geantwortet, dass ich damit die Welt verbessern will, aber ich hab es gedacht.

Wir alle zusammen können diese ganzen Betrüger und Betrügerinnen da draußen vertreiben, indem wir sie durchschauen, sie ärgern, behindern, ihre Zeit stehlen. Das gilt auch für die großen Player mit ihren einfach nur

---

41 (Schreibt aber selten zurück.)

besser verpackten erbarmungslosen Offensiven. Ich rede von Tricks wie Payback-Karten oder verlockenden Gewinnspielen (mit anschließendem Werbeterror), vom ungewollten Abonnement, Dumpingpreis-Angeboten mit versteckten Klauseln oder glitzer-rosa verpackten Ungerechtigkeiten und falschen Versprechungen der Politik. Ich empfehle: Einfach mal ein Probeabo abschließen und rechtzeitig kündigen; die Payback-Karte zerschneiden; einen 25-%-Rabattgutschein von H&M home (»Nur noch heute!«) emotionslos löschen, aus Gag zur nächsten Wahl gehen und einen gültigen Stimmzettel einwerfen; oder den nächsten Schockanrufern eine halbe Million Kaution anbieten, wenn sie mit einer Geldübergabe am FKK-Strand einverstanden sind. Werden Sie kreativ! Brechen Sie aus!

Dann wollte ich hier noch wen anschwärzen: die legalen Profiteure globaler Betrugsgeschäfte. Ganov:innen und Gangsterbanden bedienen sich ja einer legalen Infrastruktur aus Datensammlungen, Verkaufs- und Bezahlplattformen, Social-Media-Diensten, unsicheren Apps, Banken und Kryptohändlern, die an den krummen Geschäften schamlos mitverdienen. Man muss sich das mal vorstellen: An jeder Betrügerei, die mithilfe dieser Unternehmen abgewickelt wird (und mindestens eins ist immer dabei), verdient so ein Unternehmen über Courtagen und Gebühren schamlos mit. Vor der Verantwortung für Schaden wird sich dann gerne gedrückt. Ich hing nach einem Angriff auf den Paypal-Account eines Freundes schon mal 45 Minuten in der Warteschleife des Paypal-Kundenservice. Als endlich jemand dranging, sagte der Typ: »Sperren kann ich das jetzt nicht, aber wenn Sie dreimal das falsche Passwort eingeben, wird Ihr Konto vorübergehend blockiert.« Im Falle bereits erfolgter Abbuchungen an windige Firmen, sei das Geld leider weg (davon je 3,99 Euro Transaktionsgebühr an Paypal, immerhin zu Lasten des Betrügers).

Ernst beiseite. Meine Vision für die Zukunft ist: Nie wieder reinfallen! Stattdessen: Selbstbestimmung und Spaß für alle.

Dank

Für Mitwirkung/Rat/Betreuung
dankt die Autorin sehr herzlich:

Kaspar Gessner
Marion Pfaus
Anselm Kluge
Wolfgang Retzel
Henning Scherf
Rubina Labusch
Thilo von Arnim
Sumi Ha
Nana
Dr. med. Stefan Kabisch
dem Landeskriminalamt Berlin
Rechtsanwalt Thore Levermann
ihrem Lektor Matthias Bischoff
ihrem Agenten Jörn Morisse
Isabel Schönen
Regine Ahrem, Juliane Schmidt und Silke Kaminski vom *RBB*
der Verlagslektorin Elisabeth Schmitten, Bildredakteurin Bele Engels und Syndikusrechtsanwältin Rebecca Neumeier vom *Penguin Verlag*

Bildnachweis

S.11	© Caroline Labusch
S. 17	© Shutterstock/val lawless; freepik.com, 2022
S. 21	Copyright unbekannt
S. 24, 25	© Caroline Labusch
S. 27	© Caroline Labusch; Shutterstock/val lawless
S. 32, 33	www.whatismyipaddress.com
S. 37–41, 50, 53	google.translate.com
S. 44	© Caroline Labusch; Sparkasse
S. 54–55	Copyright unbekannt
S. 77–78	© Caroline Labusch
S. 86	© IMAGO/Emmefoto
S. 87	© Caroline Labusch
S.88	Tinder-App
S. 96	© Shutterstock/Lukasz Z
S 109–110	https://toplinkcourierss.com
S. 118	Copyright unbekannt
S. 164–171	www.spree-bank.de
S. 175–176	www.cayman-trust.com
S. 185	© Caroline Labusch
S. 190–191	© Marion Pfaus
S. 193	© Caroline Labusch
S. 222–224	PStein Verlag Türkheim, Magazin *vital & gesund*, Herbst 2022
S. 225	https://de.dreamstime.com/ und https://memorial-pictures.com
S. 227, 229	PStein Verlag Türkheim, Magazin *vital & gesund*, Herbst 2022
S. 230	© IMAGO/Lars Berg
S. 231	PStein Verlag Türkheim, IMAGO/Lars Berg
S. 243, 245, 261	© Caroline Labusch
S. 262	PStein Verlag Türkheim, *Gesundheitsjournal*, 04/2022